essentials

essentials liefern aktuelles Wissen in konzentrierter Form. Die Essenz dessen, worauf es als „State-of-the-Art" in der gegenwärtigen Fachdiskussion oder in der Praxis ankommt. *essentials* informieren schnell, unkompliziert und verständlich

- als Einführung in ein aktuelles Thema aus Ihrem Fachgebiet
- als Einstieg in ein für Sie noch unbekanntes Themenfeld
- als Einblick, um zum Thema mitreden zu können

Die Bücher in elektronischer und gedruckter Form bringen das Expertenwissen von Springer-Fachautoren kompakt zur Darstellung. Sie sind besonders für die Nutzung als eBook auf Tablet-PCs, eBook-Readern und Smartphones geeignet. *essentials:* Wissensbausteine aus den Wirtschafts-, Sozial- und Geisteswissenschaften, aus Technik und Naturwissenschaften sowie aus Medizin, Psychologie und Gesundheitsberufen. Von renommierten Autoren aller Springer-Verlagsmarken.

Weitere Bände in der Reihe http://www.springer.com/series/13088

Tatjana Viktorovna Nikitina

Finanzsystem der Russischen Föderation

Strukturen und Herausforderungen des Banken- und Versicherungssektors

Mit einem Geleitwort von
Professor Dr. Dr. h. c. Clemens Renker

 Springer Gabler

Tatjana Viktorovna Nikitina
Saint Petersburg State University of
Economics
St. Petersburg, Russland

ISSN 2197-6708   ISSN 2197-6716   (electronic)
essentials
ISBN 978-3-658-24023-3   ISBN 978-3-658-24024-0   (eBook)
https://doi.org/10.1007/978-3-658-24024-0

Die Deutsche Nationalbibliothek verzeichnet diese Publikation in der Deutschen Nationalbibliografie; detaillierte bibliografische Daten sind im Internet über http://dnb.d-nb.de abrufbar.

Springer Gabler

Springer Gabler ist ein Imprint der eingetragenen Gesellschaft Springer Fachmedien Wiesbaden GmbH und ist ein Teil von Springer Nature
Die Anschrift der Gesellschaft ist: Abraham-Lincoln-Str. 46, 65189 Wiesbaden, Germany

Was Sie in diesem *essential* finden können

- Die Aufgaben und Interventionen der Russischen Zentralbank kennen
- Die russischen Banken und ihre vier großen Krisen
- Die Bedeutung des Versicherungssektors
- Die disruptiven Auswirkungen in einem Transformationsstaat

Geleitwort

Die russische Zarin Katharina die Große – geborene deutsche Prinzessin Sophie Auguste Frederike von Anhalt-Zerbst – ließ im Jahre 1768 die erste russische Noten- und Währungsbank in Sankt Petersburg errichten. Den prachtvollen Palazzo für diese Assignatenbank am heutigen Griboedova-Kanal (früher Katharinenkanal) gestaltete der italienische Architekt Giacomo Quarenghi. Bis heute bewachen vier Greifen den pittoresken Weg über die Brücke zur ehemaligen Bank. Nun residiert aber schon seit 88 Jahren die renommierte Sankt Petersburger Staatliche Universität für Wirtschaft in diesem prachtvollen Gebäude. Einer ihrer berühmten Studenten war der Nobelpreisträger für Wirtschaftswissenschaft Vasilij Vasiljevic Leontjev. Insofern ist es nur konsequent, wenn eine Bank-Professorin gerade dieser Universität erstmals in deutscher Sprache die aktuelle Situation des Finanzwesens der Russischen Föderation in einer kurzen Monografie darstellt. Tatjana Viktorovna Nikitina gibt einen konzentrierten Überblick über die Aufgaben der russischen Zentralbank, die Aktivitäten der Geschäftsbanken mit den besonderen Problemstellungen des flächenmäßig größten Landes der Welt, das sich im gegenwärtig umfassendsten Transformationsprozess seiner Geschichte nach der Revolution 1917 befindet. Von Lenin kennen wir das auch für heute noch warnende Bonmont: einen Staat und seine Gesellschaft zerstört man am wirksamsten, indem man sein Geldwesen zerstört. So kommt heute der russischen Regierung die historische Aufgabe, Verantwortung und Kompetenz zu, Institutionen wie die Russische Zentralbank mit entsprechenden gesetzlichen Regelungen so auszustatten, dass die im Wettbewerb stehenden Geschäftsbanken als effektive Institutionen wirtschaften können; und dass sie als verlässlicher Rahmen für Stabilität, Wachstum und gerechte Verteilung in Russland wirksam sind.

In Deutschland ist das Wissen um Russland allgemein und speziell über den Finanzsektor noch gering. Fundiertes Wissen um die aktuellen Herausforderungen in Russland bereitet aber die Grundlage für geschäftliche Kooperationen. Wissen baut Vorurteile ab und warnt vor illusionären Vorstellungen.

So kann die kleine Schrift auch ganz im Geiste von Thomas Mann wirken: „Russland und Deutschland müssen einander besser kennen. Sie sollen Hand in Hand in die Zukunft gehen." Gehe nicht mit deinen Regeln in ein fremdes Kloster, lautet ein russisches Sprichwort. Russland ist anders. Russland fühlt sich einzigartig; es erscheint als eine Welt für sich auf dieser Erde – als tertium datur.

In der globalisierten Welt sind monetäre und realwirtschaftliche Sphären eng miteinander verflochten und bestimmen die Chancen und Risiken von interagierenden Staaten, Unternehmen und Privatpersonen. Insofern ist dieses *essential* auch ein Anstoß zur Zusammenarbeit in der Generierung von neuem, besserem Wissen, der Wissensvermittlung und des Transfers in die Praxis: Für alle Menschen in der Welt zu mehr Werte, nachhaltige Erträge und zur Eröffnung und Nutzung von gemeinsamen Chancen.

Prof. Dr. Dr. h.c. Clemens Renker
University of Applied Sciences Zittau/Görlitz
in Kooperation mit TU Dresden IHI
International Center Financial Market Research
Staatliche Universität für Wirtschaft Sankt Petersburg
Honorary Professor Banking Department

Einleitung

Das moderne russische Finanzsystem entstand erst Anfang 1990 mit dem Beginn des Übergangs von der zentralen Verwaltungswirtschaft zur Marktwirtschaft und einhergehender Privatisierung. Traditionell nimmt Banksektor mit ca. 89 % aller Aktiva und 90 % aller Passiva die bestimmende Rolle im gesamten Finanzmarkt ein. Die anderen Finanzintermediäre wie Versicherungen, Investmentfonds, Pensionsfonds usw. spielen eher eine untergeordnete Rolle in der russischen Wirtschaft.

Die Dominanz der Banken liegt zuerst in der traditionellen Nachfrage nach Finanzierungsfazilitäten von Unternehmen fast ausschließlich bei Kreditinstituten. Noch vor der Oktoberrevolution war das deutsche Banksystem das Vorbild für Russland. Außerdem wirkt auch die russische Mentalität auf die langfristige Investmentstrategie der Marktteilnehmer sehr stark ein. Das schränkt die Geschäftsentwicklung von Lebensversicherungen und Investments in andere Wertpapiere signifikant.

Für die Mehrheit der Russen erscheint die Welt in rasant schnelle Veränderung, volatil, unsicher, komplex und vieldeutig. Man weiß nie, was morgen kommt. Neue Krisen oder Disruptionen können alle Ersparnisse abwerten oder Versicherungsunternehmen auf lange Sicht Bankrott gehen. Daher orientieren sich Russen in ihren Finanzentscheidungen vorwiegend kurzfristig. Sie investieren nicht gerne in langfristige Finanzinstrumente. Viel mehr legt man seine Geld in Immobilien oder in materielle Aktiva wir Auto, Renovierung von der Wohnung, Datscha usw. an.

Insgesamt entwickelt sich aber der russische Bankensektor sehr gut. Die Institute reagieren auch sehr schnell auf Herausforderungen der digitalen Transformation.

Beaufsichtigt werden russische Banken durch die Zentralbank von Russland. Deren Vorsitzende des Vorstandes, Elvira Sachipsadovna Nabiulinna, zählt inzwischen zu einer der mächtigsten Frauen der Welt. Sie hebt sich einerseits in der Welt hervor durch ihre restriktive makroökonomische Geldpolitik, die am Targeting der Inflation sich orientiert. Andererseits verfolgt sie sehr konzentriert und stringent die Strategie der Stabilisierung des russischen Bankensystems. Dabei scheut sie nicht die Marktbereinigung im Bankensektor durch Schließung von Instituten und arbeitet auf eine starke Verringerung von der Zahl russischen Banken in.

Inhaltsverzeichnis

Die Struktur des Bankensystems der Russischen Föderation

1.1 Bank von Russland als Zentralbank

Das moderne Bankensystem der Russischen Föderation ist zweistufig, was den Marktbedingungen der wirtschaftlichen Wertschöpfungsprozesse (Reproduktion) entspricht. Es umfasst die Bank von Russland als Zentralbank Russland, die Kreditinstitute sowie Vertretungen von ausländischen Banken (Russische Föderation 1990) (Abb. 1.1).

Auf der ersten Ebene des Bankensystems ist die Zentralbank von Russland die wichtigste Bank des Landes und der relevante Macht-Promotor im Bankensystem. Die wichtigsten Bestimmungen seiner Tätigkeit sind in der Verfassung der Russischen Föderation und dem Gesetz der Russischen Föderation vom 10.07.2002 Nr. 86-FZ „Über die Zentralbank der Russischen Föderation (Bank von Russland)" festgelegt (Russische Föderation 2002). Stammkapital (in Höhe von 3 Mrd. Rubel) und anderes Eigentum der Zentralbank der Russischen Föderation ist Staatseigentum. Die Bank von Russland führt ihre Tätigkeit unabhängig von staatlichen Behörden und lokalen Selbstverwaltungsorganen aus.

Die Unabhängigkeit der nationalen Zentralbank ist ein notwendiger Faktor für ihre Rolle in den wirtschaftlichen und politischen Aktivitäten des Staates und ein Schlüsselelement bei der Bestimmung ihres Status. Gleichzeitig beinhaltet das Konzept der „Unabhängigkeit" zwei Komponenten – die politische und wirtschaftliche Unabhängigkeit der Bank von Russland.

Das Niveau der politischen Unabhängigkeit wird durch die Art der Interaktion der Zentralbank mit den legislativen und exekutiven Organen der Staatsverwaltung bei der Festlegung der Ziele für ihre Aktivitäten und die Bildung eines Managementsystems bestimmt.

© Springer Fachmedien Wiesbaden GmbH, ein Teil von Springer Nature 2019
T. V. Nikitina, *Finanzsystem der Russischen Föderation,* essentials,
https://doi.org/10.1007/978-3-658-24024-0_1

Abb. 1.1 Das Bankensystem der Russischen Föderation

Die *Wirtschaftliche Unabhängigkeit* beinhaltet die Möglichkeit und die Fähigkeit der Zentralbank die ihr zur Verfügung stehenden geldpolitischen Instrumente zur Erreichung ihrer Ziele ohne staatliche Intervention zu nutzen. Es existiert eine klare Absage dahin gehend, das Bundeshaushaltsdefizit zu finanzieren. Die Zentralbank kann die Realisierung ihre Ausgaben im Rahmen der eingegangenen Einnahmen aus ihrer Tätigkeit, die nicht mit der Regulierung des Kreditwesens verbunden sind, selbst realisieren.

Ziele der Bank von Russland
- Schutz und Stabilisierung des Rubels;
- Entwicklung und Stärkung des Bankensystems der Russischen Föderation;
- Gewährleistung der Stabilität und Entwicklung des nationalen Zahlungssystems;
- Entwicklung des Finanzmarktes der Russischen Föderation;
- Gewährleistung der Stabilität des russischen Finanzmarktes.

Die Bank von Russland erreicht ihre Ziele im Rahmen der Funktionen, die ihr in Artikel 75 der Verfassung der Russischen Föderation und Artikel 4 des Gesetzes vom 10.07.2002 Nr. 86-FZ „Über die Zentralbank der Russischen Föderation (Bank von Russland)" zugewiesen sind (Russische Föderation 2002).

Funktionen der Bank von Russland
- Entwicklung und Umsetzung einer einheitlichen staatlichen Geld- und Kreditpolitik in Zusammenarbeit mit der Regierung der Russischen Föderation;
- Monopolemission von Bargeld und die Organisation des Bargeldumlaufs;
- Refinanzierung von Kreditinstituten als Kreditgeber letzter Instanz;
- Bestimmung der Regeln für Zahlungsverkehrs in der Russischen Föderation;
- Regeldefinition für die Durchführung von Bankgeschäften;
- Kontoführung des Budgetsystems aller Ebenen;

- effektives Management der Gold- und Devisenreserven der Bank von Russland;
- staatliche Registrierung von Kreditinstituten, Erteilung von Banklizenzen auf Bankgeschäfte, Einstellung von Banktätigkeit oder Entziehung von Banklizenzen;
- Aufsicht der Aktivitäten von Kreditinstituten und Bankengruppen;
- Registrierung von Emissionen von Beteiligungspapieren, Wertpapier-prospekten und Berichten über die Ergebnisse ihrer Emission;
- Ausübung aller Arten von Bankgeschäften und anderen Transaktionen, die zur Wahrnehmung der Aufgaben der Bank von Russland erforderlich sind – unabhängig von oder im Auftrag von der Regierung der Russischen Föderation;
- Organisation und Durchführung von Devisenregulierungen und Devisenkontrolle;
- Festlegung des Abrechnungsverfahrens für den Vergleich mit internationalen Organisationen, ausländischen Staaten sowie mit juristischen Personen und Einzelpersonen;
- Genehmigung von Standards für die Rechnungslegung, für einen einheitlichen Kontenplan und das Verfahren für seine Anwendung auf Kreditinstitute, die Bank von Russland und Nicht-Kredit Finanzorganisationen;
- Aufstellung und Veröffentlichung der offiziellen Wechselkurse gegenüber dem Rubel;
- Entwicklung und Führung einer einheitlichen staatlichen Geld- und Kredit-politik in Zusammenarbeit mit der Regierung der Russischen Föderation;
- Monopolist in der Emission von Bargeld und die Organisation des Bargeld-umlaufs;
- Ausübung der Aufsicht über die Aktivitäten von Kreditinstituten und Banken-gruppen ausüben;
- Beteiligung an der Entwicklung der Zahlungsbilanz der Russischen Föderation;
- Analyse und Prognose des Zustandes der russischen Wirtschaft, Veröffent-lichung von relevanten Materialien und Statistiken;
- Erfüllung weiterer Funktionen in Übereinstimmung mit Bundesgesetzen.

Die Bank von Russland ist der zentrale Akteur der Währungs- und Kreditregulierung der Wirtschaft. In diesem Zusammenhang reicht die russische Zentralbank an die Staatsduma der Föderalen Versammlung der Russischen Föderation jährlich (nicht später als 1. Dezember) für die Betrachtung und die Bewilligung die Haupt-richtungen der einheitlichen staatlichen Geld- und Kreditpolitik für das kommende Jahr Exposes ein, die einschließen:

- konzeptionelle Grundsätze für die Gestaltung der Geldpolitik;
- konzentrierte Beschreibung des Zustandes der russischen Wirtschaft;
- Prognose der erwarteten Erfüllung der wichtigsten Parameter der Geldpolitik im laufenden Jahr;

- eine quantitative Analyse der Gründe für die Abweichung von den für das laufende Jahr angekündigten geldpolitischen Zielen, eine Einschätzung der Aussichten für die Erreichung dieser Ziele und die Gründe für ihre mögliche Anpassung;
- Szenario (bestehend aus mindestens zwei Varianten) und Prognose für die Entwicklung der russischen Wirtschaft für das kommende Jahr, insbesondere unter Einschätzung der Preise für Öl und andere Güter der russischen Exporte;
- Prognose der Hauptindikatoren der Zahlungsbilanz der Russischen Föderation für das kommende Jahr;
- Key Point Indicators KPI, die die wichtigsten Ziele der erklärten Geldpolitik für das kommende Jahr charakterisieren, einschließlich Intervallindikatoren für Inflation, Geldbasis, Geldangebot, Zinssätze, Änderungen in Gold und Devisenreserven;
- Festlegung der Hauptindikatoren des geldpolitischen Programms für das kommende Jahr;
- Optionen für die Anwendung von Instrumenten und Methoden der Geldpolitik, die das Erreichen von Zielen in verschiedenen Szenarien der wirtschaftlichen Konjunktur gewährleisten (Russische Föderation 2002).

Seit 2009 wird die Geldpolitik für die mittelfristige Periode – drei Jahre (das kommende Jahr und die Planungsperiode – die nächsten zwei Jahre) entwickelt. Mit diesem Planungsverfahren kann die Bank von Russland im Bereich der monetären Regulierung Entscheidungen treffen, die auf einer objektiven Einschätzung der aktuellen Wirtschaftslage und einer mittelfristigen (dreijährigen) makroökonomischen Prognose der sozioökonomischen Entwicklung des Landes beruhen. Die Prognose wird ausgehend von den Leitlinien und Prioritäten der staatlichen Wirtschaftspolitik entwickelt und enthält mehrere prospektive Szenarien für ihre Entwicklung. Auf diese Weise kann man die Auswirkungen der Geldpolitik auf die Wirtschaft berücksichtigen und gleichzeitig den Entscheidungsträgern mittelfristig Entscheidungshilfen geben. Gleichzeitig betrachtet die Bank von Russland das wahrscheinlichste (Grund-)Szenario der wirtschaftlichen Entwicklung und führt auch eine vergleichende Analyse von alternativen Szenarien durch, die in der Dreijahresprognose festgelegt sind. Es ermöglicht, ausgewogene Entscheidungen zu treffen und die Geldpolitik unter Berücksichtigung der Erhaltung der Finanzstabilität bei der Umsetzung pessimistischer Szenarien zu verfolgen.

Seit 2013 ist die Bank von Russland mit Vollmachten einer Megaregulierungsbehörde des Finanzmarktes des Landes ausgestattet. In diesem Zusammenhang haben sich die Ziele ihrer Aktivitäten und Funktionen aufgrund neuer Zuständigkeiten für die Regulierung des Finanzmarktes deutlich erweitert. In Zusammenarbeit mit der Regierung der Russischen Föderation (zusammen mit der Währungsregulierung) begann die Bank von Russland eine Entwicklungspolitik auszuarbeiten und zu ausführen, um die Stabilität des Finanzmarktes sicherzustellen.

Laut der neuen Gesetzgebung der Russischen Föderation muss die Bank von Russland der Staatsduma alle drei Jahre einen Entwurf der Hauptrichtungen für die Entwicklung des russischen Finanzmarktes vorlegen. Vor diesem Hintergrund wurde Anfang 2016 das erste derartige Dokument entwickelt und verabschiedet: „Die wichtigsten Richtungen der Entwicklung des russischen Finanzmarktes für den Zeitraum 2016–2018". Dieses Dokument ist strategischer Art und sektorübergreifend (es gilt für alle Segmente des Finanzmarktes einschließlich des Bankensektors).

Im Rahmen der Ausübung ihrer Befugnisse und Erfüllung ihrer rechtlichen Funktionen hat die Bank von Russland (weiter ZBR) das Recht, mit russischen und ausländischen Kreditinstituten, der Regierung der Russischen Föderation und der Agentur für Einlagensicherung zusammenzuarbeiten und Transaktionen durchzuführen.

Die Hauptgeschäfte der ZBR sind:

- Operationen für das Geldemission;
- Zahlungs- und Kassenoperationen;
- Kredit- und Einlagenoperationen;
- Kauf und Verkauf von Wertpapieren auf dem offenen Markt;
- Kauf und Verkauf von Anleihen und Einlagenzertifikate;
- Kauf und Verkauf von Fremdwährungen, sowie Zahlungsdokumente und Verbindlichkeiten in Fremdwährung, die von russischen und ausländischen Kreditinstituten begeben werden;
- Kauf, Lagerung und Verkauf von Edelmetallen und anderen Arten von Währungswerten;
- Ausgabe von Garantien und Bankgarantien;
- Operation mit Finanzinstrumenten zur Steuerung finanzieller Risiken;
- Eröffnung von Konten in russischen und ausländischen Kreditorganisationen auf dem Territorium der Russischen Föderation und im Ausland;
- die Ausgabe von Checks und Rechnungen in jeder Währung;
- Durchführung anderer Bankgeschäfte und Transaktionen in eigenem Namen im Einklang mit den Gepflogenheiten des Geschäftsverkehrs in der internationalen Bankpraxis.

Alle ihre Transaktionen werden von der Zentralbank der Russischen Föderation auf Provisionsbasis durchgeführt, mit Ausnahme bestimmter Fälle, die gesetzlich vorgesehen sind.

Die Organisationsstruktur und die Managementstruktur der Bank von Russland werden durch Bundesgesetze geregelt. Die Zentralbank der Russischen Föderation ist gegenüber der Staatsduma der Föderalen Versammlung der Russischen Föderation rechenschaftspflichtig und repräsentiert ein einheitliches zentralisiertes System mit einer vertikalen Verwaltungsstruktur. Das höchste Leitungsorgan der Bank von Russland ist der von der Staatsduma eingesetzte Verwaltungsrat, dem der Vorsitzende der Zentralbank der Russischen Föderation und 14 Mitglieder angehören, die ständig in der Zentralbank der Russischen Föderation arbeiten.

Verwaltungsrat der Bank von Russland ist der Nationale Finanzrat, der aus 12 Personen besteht (2 vom Föderationsrat der Föderalen Versammlung der Russischen Föderation, 3 von der Staatsduma, 3 vom Präsidenten der Russischen Föderation, 3 von der Regierung der Russischen Föderation und dem Vorsitzenden der Bank von Russland).

Das strukturelle System der Bank von Russland umfasst: ein Zentralbüro, territoriale Büros, Geldabrechnungszentren, Rechenzentren, Außenstellen, Bildungs- und andere Organisationen, einschließlich Sicherheitseinheiten und den russischen Sammelbund, die für die Tätigkeit der Bank von Russland notwendig sind.

Das Zentralbüro der Bank von Russland besteht aus 34 Abteilungen, die in den folgenden Bereichen zusammengefasst werden: Abteilungen, die die Umsetzung der Kernfunktionen und Befugnisse der Bank von Russland sicherstellen sowie auch Abteilungen, die finanzielle und wirtschaftliche Aktivitäten der Bank von Russland selbst als eine juristische Person bieten. Innerhalb der Zentrale gibt es auch 4 Hauptabteilungen und 3 Dienstleistungen unterschiedlicher Ausrichtung.

Die *Lokalen Institutionen* üben als getrennte Abteilungen innerhalb des Gebiets der Russischen Föderation die vorgegebenen Befugnisse aus. Sie sind organisatorische und keine juristischen Personen und arbeiten nach den Bestimmungen der territorialen Institution der Bank von Russland mit Genehmigung durch den Verwaltungsrat der Zentralbank der Russischen Föderation. In der Regel können diese Einrichtungen für ein bestimmtes Thema der Russischen Föderation oder durch den Verwaltungsrat erstellt werden – in Regionen, die das Gebiet mehrerer Subjekte der Russischen Föderation integrieren. Derzeit gibt es in Russland 7 regionale Niederlassungen (weitere Hauptverwaltung) der Zentralbank von Russland: Hauptverwaltung, ZBR in Zentralrussland, Nord-West, Süd, Wolga-Wjatka, Ural, der Ferne Osten.

Verrechnungs-und Kassenzentrum (im Folgenden als VKZ bezeichnet) sind Struktureinheiten, die Teil der territorialen Institutionen der Zentralbank der Russischen Föderation sind. Ihre Hauptaufgabe besteht darin, Abrechnungen zwischen Kreditinstituten vorzunehmen. Ab dem 18. September 2017 in der Russischen Föderation gab es 167 VKZ der Zentralbank der Russischen Föderation.

Feldabteilungen der Bank von Russland sind militärische Einrichtungen. In ihren Aktivitäten folgen sie militärischen Vorschriften und der Satzung der Bank von Russland, die durch Verbindung mit dem Verteidigungsministerium genehmigt sind. Zu ihren Aufgaben gehören der Bankbetrieb für militärische Einheiten, Institutionen und Organisationen des russischen Verteidigungsministeriums und andere staatliche Stellen und juristische Personen, die die Sicherheit der Russischen Föderation sicherstellen. Ferner schaffen sie die Handlungsbedingungen für personale Kompetenzen für Fälle, in denen die Schaffung und das Funktionieren der regionalen Filialen der Bank von Russland unmöglich sind.

Die russische Vereinigung von Bargeldsammelstellen (ROSINKAS) ist eine juristische Einheit (mit einem breiten Filialnetz), die Teil des Systems der Bank von Russland ist. „ROSINKAS" bietet die Tätigkeit der Zentralbank der Russischen Föderation für die Organisation des Bargeldumlaufs; sie sind Partner vieler großer russischer und internationaler Unternehmen, einschließlich der Mehrheit der in Russland tätigen Banken.

1.2 Kreditinstitute als zweite Stufe russisches Banksystems

Die zweite Ebene des Bankensystems umfasst Kreditorganisationen (Geschäftsbanken und Nichtbankenkreditinstitute) sowie Vertretungen ausländischer Banken, die ihre Tätigkeit gemäß dem Gesetz der Russischen Föderation vom 02.12.1990 Nr. 395-1 „Über Banken und Bankgeschäfte" ausüben.

Eine Kreditorganisation ist eine juristische Person, die zur Erzielung von Gewinn als Hauptziel ihrer Tätigkeit auf der Grundlage einer Sondergenehmigung (Lizenz) berechtigt ist, Bankgeschäfte durchzuführen, die in Bundesgesetzen festgehalten sind (Russische Föderation 1990). Die Dynamik der Teilnehmer im Bankensystem der Russischen Föderation ist in der Tab. 1.1 dargestellt.

Moderne Kreditorganisationen (im Folgenden als KO bezeichnet) werden auf der Grundlage jeglicher Eigentumsform als Wirtschaftsunternehmen gegründet. Die Hauptrichtung ihrer Tätigkeit ist die Betreuung von juristischen Personen,

Tab. 1.1 Kreditorganisationen im Bankensystem der Russischen Föderation. (Zentralbank der Russischen Föderation o. J.)

Kreditorganisationen des Bankensystems der Russischen Föderation	Anzahl der Kreditorganisationen zum je 1. Januar			
	2014 г.	2015 г.	2016 г.	2017 г.
Kreditanstalten, die berechtigt sind, Bankgeschäfte durchzuführen, insgesamt	923	834	733	623
Davon: • Banken;	859	783	681	575
• Nichtbanken-Kreditorganisationen	64	51	52	48

Unternehmen und Privatpersonen, indem ihnen verschiedene Arten von Bankdienstleistungen und -produkte zur Verfügung gestellt werden. Gemäß der Gesetzgebung der Russischen Föderation als Teilnehmer an Kreditinstituten kann jede wirtschaftliche Einheit sein: Unternehmen, Organisationen, Unternehmen, Einzelpersonen sowie staatliche und kommunale Behörden.

Der führende Platz im Bankensystem der Russischen Föderation wird von Geschäftsbanken besetzt. Das sind 92,3 % der Gesamtzahl der operativ tätigen Kreditinstitute. Banken bieten nicht nur eine breite Palette von Dienstleistungen für juristische Personen und Einzelpersonen, sondern sind die wichtigsten Innovatoren auf dem Gebiet der Schaffung von modernen Finanzprodukten und -technologien.

Um den Zustand des Bankensektors zu analysieren und zu überwachen, ist es üblich, Kreditorganisationen in verschiedene Richtungen zu gruppieren, einschließlich des Eigentums am Kapital. Dazu gehören:

Banken, die vom Staat kontrolliert werden. Berechtigte am Eigenkapital Kapital dieser Banken können staatliche Repräsentanten sein: Exekutivorgane, staatliche Einheitsunternehmen, der Russische Föderale Eigentumsfonds, die Bank von Russland. Dabei kann das Eigentum ganz (z. B. Rosselkhozbank – 100 % im Besitz des Russian Property Fund), partiell (Sberbank – 52 % ihrer Anteile im Besitz der CBR) oder indirekt (Bank of Moscow – 100 % im Besitz von VTB) gehalten werden. Im Gegenzug besitzt der Staat in der Person der russischen Immobilienagentur 60,9 % der Aktien der VTB Bank.

- Banken mit ausländischer Kapitalbeteiligung. In diesen Banken gehört ein bestimmter Anteil am Kapital gebietsfremden Eigentümern als juristische Personen und/oder Einzelpersonen;
- Privatbanken, wenn das Kapital privaten Unternehmen und Personen mit unterschiedlichen Eigentumsinteressen gehört.

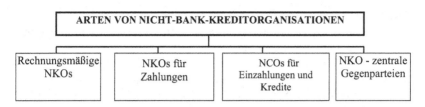

Abb. 1.2 Arten von Nichtbanken-Kreditinstituten (NKOs)

Die zweite Ebene des Bankensystems umfasst neben den Banken auch andere Kreditinstitute. In Russland erhielten sie den legislativen Status von Nichtbanken-Kreditorganisationen (im Folgenden: NKOs).

Das Hauptkriterium, das die NKOs von der Bank unterscheidet, ist eine begrenzte Liste der Bankoperationen, die sie in Übereinstimmung mit den Gesetzen der Russischen Föderation und der Lizenz der Zentralbank der Russischen Föderation ausführen dürfen. Eine zulässige Kombination von Transaktionen wird von der Bank von Russland festgelegt. Gleichzeitig haben NKOs nicht das Recht, Girokonten für Einzelpersonen zu eröffnen, Überweisungen auf Privatkonten durchzuführen und Gelder von Einzelpersonen in Einlagen zu überweisen, sodass NKOs nicht am Einlagensicherungssystem teilnehmen[1]. Die Gesetzgebung ermöglicht die Schaffung von vier Arten von Kreditinstituten (Abb. 1.2).

Rechnungsmäßige NKOs (im Folgenden als RNKOs bezeichnet) sind die ersten der etabliertesten und zahlreichsten Vertreter von Nichtbanken-Kreditinstituten in Russland (Stand: 01.08.2017 – 32 Kreditorganisationen), die berechtigt sind, folgende Bankgeschäfte durchzuführen:

• Eröffnung und Pflege von Bankkonten von juristischen Personen;
• die Übertragung von Geldern für juristische Personen, einschließlich Korrespondenzbanken, auf ihre Bankkonten;
• Einziehung von Bargeld, Wechseln, Zahlungs- und Abrechnungsbelegen und Geldleistungen für natürliche und juristische Personen;

---

[1]Die Ausnahme bilden NKOs, die auf der Grundlage von Geschäftsbanken gegründet wurden, die Verpflichtungen gegenüber natürlichen Personen haben, bevor sie geschlossen werden.

- Kauf und Verkauf von Devisen vorhanden sowie bargeldlos;
- Geldüberweisungen, ohne Bankkonten zu eröffnen, einschließlich elektronischer Mittel (mit Ausnahme von Posttransfers).

Cash-Management von Einzelpersonen der RNKO darf man nur im Zusammenhang mit der Übertragung von Mitteln ohne Eröffnung von Bankkonten, einschließlich elektronischer Mittel durchführen.

RNKO treten seit den 1990er Jahren auf dem russischen Finanzmarkt auf. Die Schaffung wurde durch die Notwendigkeit verursacht, die Qualität der Versorgung im Land zu verbessern. Bis heute ist der größte und bekannteste RNKO, der Teil des russischen Bankensystems ist, NKO AO NRD („National Settlement Depository"). In Bezug auf die Aktiva ist dieser RNKO in den Top-60-Kreditinstituten der Russischen Föderation, und der Umsatz auf dem Korrespondenzkonto mit der Bank von Russland ist nur mit Sberbank vergleichbar. Erfolgreich auf dem Markt ist RNKO „Western Union DP East" und „Yandex. Geld".

Nichtbanken-Kreditorganisationen für Zahlungen (nachstehend „ZNKO" genannt) haben das Recht, Geldtransfers zu tätigen, ohne Bankkonten und andere damit verbundene Bankgeschäfte zu eröffnen. Die Liste der autorisierten Operationen enthält:

- Eröffnung und Pflege von Bankkonten von juristischen Personen;
- die Übertragung von Geldern für juristische Personen, einschließlich Korrespondenzbanken, auf ihre Bankkonten;
- Einziehung von Bargeld, Wechseln, Zahlungs- und Abrechnungsbelegen und Geldleistungen für natürliche und juristische Personen;
- Geldüberweisungen ohne Bankkonten zu eröffnen, einschließlich elektronischer Mittel.

ZNKOs erschienen nach der Veröffentlichung des Gesetzes der Russischen Föderation „Über das nationale Zahlungssystem" im Jahr 2011 und Änderungen des RF Gesetzes Nr. 395-1 vom 02.12.1990 „Über Banken und Bankaktivitäten". Ihre Hauptaufgabe besteht darin, im Rahmen der Organisation des sofortigen, elektronischen und mobilen Zahlungsverkehrs ein risikofreies Transfersystem bereitzustellen. In der Tat sind dies die gleichen RNKOs, aber mit einer engeren Operationenanzahl.

Die Zahl der ZNKO im Bankensystem Russlands ist mit nur 12 per 01.08.2017 nicht groß. Unter der Gesamtzahl der Kreditorganisationen sind: „MOSKLIRINGTSENTR" (betreibt unter der Marke „Eleksnet") und „PayPalRU" (eine Tochtergesellschaft der weltweit größten Zahlungsdienstleister PayPal).

NCOs für Einzahlungen und Kredite (ENKOs) sind berechtigt, folgende Operationen durchzuführen:

- Geldgelder juristischer Personen für eine gewisse Zeit in Einlagen zu ziehen;
- Die Gelder von juristischen Personen zu platzieren, die in ihrem Namen und auf eigene Kosten tätigen;
- Devisen in bargeldloser Form kaufen und verkaufen;
- Bankgarantien ausgeben.

Zentrale Gegenparteien sind eine neue Art von NKO, die Ende 2015 ihren legislativen Status erhalten haben. Sie führen ihre Tätigkeit gemäß dem Bundesgesetz „Über Clearing-, Clearingaktivitäten und die zentrale Gegenpartei" und dem Bundesgesetz „Über Banken und Bankgeschäfte" aus und können folgende Operationen durchführen (Zentralbank der Russischen Föderation 2016):

- die Übertragung von Geldern für juristische Personen, einschließlich Korrespondenzbanken, auf ihre Bankkonten;
- Anziehung von Geldern von juristischen Personen in Einlagen (auf Anfrage und für eine bestimmte Zeit);
- Kauf und Verkauf von Devisen in bargeldloser Form;
- Anziehung zu Einlage und Platzierung von Edelmetallen.

Der zentrale Kontraagent ist eine Organisation, die beim Abschluss von Tauschgeschäften als Vermittler tätig ist und bei Ausfall einer der Parteien Risiken eingeht. Jetzt gibt es in Russland 3 solcher Organisationen: AO „National Clearing Center" (NCC), ein Mitglied der Moskauer Börse, PAO „MFB Clearing Center", AO „Settlement Depository Company" (RDK). Sie alle haben eine Lizenz zur Durchführung von Clearingoperationen. Gleichzeitig ist das NCC auch eine große Bank, die in Bezug auf Vermögenswerte zu den Top 10 der russischen Banken gehört. Diese Organisationen müssen innerhalb von zwei Jahren nach Verabschiedung der RF-Gesetzgebung über den zentralen Kontrahenten ihren Rechtsstatus ändern, um weiterhin unter zwei Lizenzen zu operieren – eine Clearingorganisation und eine Nichtbankkreditorganisation.

Repräsentanzen von ausländischen Banken sind ein weiterer Teilnehmer im Bankensystem der Russischen Föderation in Form von separaten Abteilungen von ausländischen Kreditorganisationen. Sie werden in Übereinstimmung mit den geltenden Rechtsvorschriften in der Russischen Föderation eröffnet.

Die Repräsentanz ist keine juristische Person, hat kein Recht auf kommerzielle Tätigkeiten und Bankgeschäfte und handelt im Auftrag von der ausländischen Kreditorganisation. In der Regel werden sie geschaffen, um die internationale Zusammenarbeit zu entwickeln und Kontakte mit russischen Kreditorganisationen zu erweitern. Ab 01.01.2017 in der Russischen Föderation gibt es 59 Repräsentanzen ausländischer Kreditinstitute.

1.3 Funktionen und Funktionsweise einer Geschäftsbank

In Übereinstimmung mit der Gesetzgebung der Russischen Föderation ist eine Bank ein Kreditinstitut, das ausschließliche Recht hat, die folgenden Bankgeschäfte gemeinsam durchzuführen:

- Geldbeschaffung, -annahme und -verwahrung von natürlichen und juristischen Personen (Einlagengeschäfte);
- Platzierung dieser Mittel in eigenem Namen, auf eigene Kosten und Risiken zu den Kreditbedingungen der Rückzahlung, Zinszahlung und Werthaltigkeit (Kreditgeschäfte);
- Eröffnung und Führung von Bankkonten von natürlichen und juristischen Personen

Diese geschäftlichen Aktivitäten sind grundlegend für Banken, die mit fremden Mitteln wirtschaften. Sie sind die Hauptgläubiger der Wirtschaft. Durch sie geht der Großteil aller Zahlungen des Landes. Die Liste der Bankgeschäfte und -transaktionen ist im Gesetz der Russischen Föderation „Über die Banken und Bankaktivitäten" (Artikel 5, 5.1) definiert. Gemäß Artikel 5 umfassen die Bankgeschäfte zusätzlich zu diesen Grundoperationen (Russische Föderation 1990):

1. Überweisung von Geldern für natürliche und juristische Personen auf ihre Bankkonten;
2. Einziehung von Bargeld, Wechseln, Zahlungs- und Abrechnungsbelegen, Geldleistungen für natürliche und juristische Personen; Kauf und Verkauf von Fremdwährungen (in bar und bargeldlos);

3. Erwerb, Verwahrung und Platzierung von Edelmetallen;
4. Ausgabe von Bankgarantien;
5. Durchführung von Geldüberweisungen ohne Bankkonten zu eröffnen, einschließlich elektronischem Geld (mit Ausnahme von Postanweisungen). Geldtransfers ohne Eröffnung von Bankkonten, mit Ausnahme von Überweisungen von elektronischen Mitteln, werden im Auftrag von Einzelpersonen durchgeführt.

Banken können neben dem Bankgeschäft auch andere Operationen tätigen:

1. Ausgabe von Garantien für Dritte, die die Erfüllung von Verpflichtungen in bar gewährleisten (Kreditleihe);
2. Erwerb von Forderungsrechten (i. w. S. Factoring) von Dritten zur Erfüllung von Zahlungsverpflichtungen in Barform;
3. Treuhandverwaltung von Geldmitteln und anderen Vermögensgegenständen im Rahmen einer Vereinbarung mit natürlichen und juristischen Personen;
4. Auslagerung spezieller Räume oder Safes zur Aufbewahrung von Dokumenten und Wertgegenständen;
5. Leasing-Geschäfte;
6. Bereitstellung von Beratungs- und Informationsdiensten.

Dabei ist es den Banken verboten, Produktions-, Handels- und Versicherungstätigkeiten zu betreiben.

Bei der Durchführung von Bankgeschäften und anderen Transaktionen sind die Banken in zwei Gruppen unterteilt:

1. Banken mit einer Universallizenz sind Kreditinstitute, die das Recht haben, Bankgeschäfte wie oben beschrieben durchzuführen.
2. Banken mit einer Grundlizenz sind Kreditinstitute, die das Recht haben, Bankgeschäfte und Transaktionen mit einer Reihe von Einschränkungen durchzuführen:

Sie haben kein Recht, mit ausländischen juristischen Personen, mit ausländischen Organisationen (nicht mit juristischen Personen nach ausländischem Recht), sowie mit Personen, deren persönliches Recht das Recht eines ausländischen Staates ist, Bankgeschäfte für die Hereinnahme von Geldern in ihrem Namen und auf eigene Kosten zu tätigen somit besteht keine Attraktivität für Einlagen und Edelmetalle, Ausgabe von Bankgarantien; sie haben kein Recht, die Ansprüche auf diese Unternehmen zu erwerben und mit ihnen Leasinggeschäfte zu machen, sowie in Bezug auf diese Themen Sicherheiten zu stellen; man darf keine Korrespondenzkonten mit ausländischen Banken eröffnen, mit Ausnahme ihrer Eröffnung in einer ausländischen Bank für die Teilnahme an einem ausländischen Zahlungssystem.

Bei der Ausübung von Tätigkeiten am Wertpapiermarkt, einschließlich der beruflichen Tätigkeit, ist man berechtigt, Transaktionen nur mit der Wertpapieren durchführen, die in der Notierungsliste der ersten (höchsten) Ebene des Auktionsveranstalters aufgeführt sind, an deren Kapital die ZB beteiligt ist. Die Bank muss die Beschränkungen der ZB hinsichtlich des Umfangs der Transaktionen mit Wertpapieren einhalten.

1.4   Staatliche Registrierung von Banken und Lizenzierung von Bankgeschäften

Das Verfahren zur Gründung von Banken umfasst zwei Phasen:

1. staatliche Registrierung von Banken als juristische Personen;
2. Aufnahme einer Lizenz zur Durchführung von Bankgeschäften.

Diese Verfahren sind durch das RF-Gesetz „Über Banken und Bankaktivitäten", Anweisung Nr. 135-I der Zentralbank der Russischen Föderation vom 02.04.2010 „Über das Verfahren für die Bank von Russland zur Entscheidung über die staatliche Registrierung von Kreditinstituten und Erteilung von Lizenzen für die Durchführung von Bankgeschäften" geregelt.

Der Mindestbetrag des zur Errichtung einer Bank erforderlichen genehmigten Kapitals beträgt die Summe von:

1. 1 Mrd Rubel – für eine Bank mit einer Universallizenz;
2. 300 Mio. Rubel – für eine Bank mit einer Grundlizenz;
3. 90 Mio. Rubel – für ein Nichtbankkreditinstitut, mit Ausnahme zentralen Gegenpartei (zentraler Kontragent);
4. 300 Mio. Rubel – für ein Nichtbankkreditinstitut – einer zentralen Gegenpartei (zentraler Kontragent).

Es gibt folgende Unterschiede zwischen einer Bank mit der Basislizenz von einer Universalbank
1. Eine Bank mit Basislizenz kann ihre Niederlassungen und Repräsentanzen im Ausland nicht eröffnen. Nur Bank mit Universallizenz kann bei der Bank von Russland beantragen, dass sie die Erlaubnis erteilt, eine Niederlassung im Gebiet eines ausländischen Staates zu errichten oder die Eröffnung einer Vertretung im Ausland zu melden.

2. Eine Bank mit einer Grundlizenz ist nicht berechtigt, Kredite zu vergeben
   und anderweitig Mittel an ausländische Organisationen oder Einzelpersonen
   zu vergeben, deren persönliches Recht das Recht eines ausländischen Staates
   ist. Sie können nicht das Recht erwerben, ausländische Personen zu ver-
   langen, mit ihnen Leasinggeschäfte zu machen, Garantien und Bankgarantien
   für sie auszustellen. Die gleiche Regel gilt für das Verbot der Eröffnung
   von Korrespondenzkonten bei ausländischen Banken, mit Ausnahme der
   Eröffnung eines Kontos im Ausland für die Teilnahme an einem ausländischen
   Zahlungssystem.
3. Eine Bank mit einer Basislizenz zur Ausübung von Tätigkeiten am Wertpapiermarkt (einschließlich beruflicher Tätigkeiten auf dem Wertpapiermarkt) ist berechtigt, Operationen und Geschäfte nur mit den Wertpapieren
   durchzuführen, die in der Notierungsliste der ersten (höchsten) Ebene eines
   solchen Auktionsveranstalters aufgeführt sind, an dessen Kapital die Bank
   von Russland beteiligt ist. Die Zentralbank der Russischen Föderation kann
   Transaktionen mit anderen Wertpapieren genehmigen, indem sie mit ihren auf-
   sichtsrechtlichen Bestimmungen besondere Anforderungen an sie stellt.
4. Der Wert des H6-Standards für Banken mit einer Basislizenz ist strenger als
   für Universalbanken. Das maximale Risiko pro Kreditnehmer oder Gruppe
   verbundener Kreditnehmer für Banken mit einer Basislizenz beträgt 20 % des
   Kapitals, während für Universalbanken gilt H6 $</=25$ %.

So kann eine Bank mit einer Basislizenz die gleichen Operationen wie eine Universalbank durchführen, aber nicht mit allen Arten von Kunden und nicht mit
allen Wertpapieren. Und natürlich spielt der Lizenztext für eine bestimmte Bank
eine wichtige Rolle: Er kann sowohl vollständig sein (mit allen Bankoperationen,
ohne Ausnahme), als auch nur mit einem Teil davon, aber ausführlich spricht man
darüber später.

Gründer von Banken können eine breite Liste von juristischen und natürlichen Personen sein. Bankgründer (Rechtspersonen) müssen über eine stabile
finanzielle Position in Form von ausreichenden Eigenmittel verfügen, die sie in
das genehmigte Kapital der Bank einzahlen müssen. Sie müssen mindestens drei
Jahre lang mit entsprechender Kompetenz im Bankgeschäft tätig gewesen sein
und in den letzten drei Jahren ihren Verpflichtungen gegenüber den Ansprüchen
aller Stakeholder nachgekommen sein. Angezogene von Kunden Geldmittel dürfen nicht für Gestaltung des Kapitals verwendet werden.

Finanzmittel des Bundeshaushaltes und der staatlichen außerbudgetären Fonds,
die freien Barmittel und andere Immobilien, die den Institutionen und Organen
des Bundes gehören, können nicht zur Bildung des genehmigten Kapitals der

Bank verwendet werden – es sei denn, dies ist in den Gesetzen der Russischen Föderation vorgesehen. Die Mittel aus den Haushalten der Gebietskörperschaften der Russischen Föderation, lokale Budgets, freie Barmittel und sonstiges Eigentum der staatlichen Behörden der Gründungsorgane der Russischen Föderation und der lokalen Selbstverwaltungsorgane können auf der Grundlage eines Gesetzgebungsaktes eines Gründungsorgans der Russischen Föderation oder einer Entscheidung einer lokalen Gebietskörperschaft in das genehmigte Kapital der Bank hingegen eingebracht werden.

Die Gründer der Bank haben nicht das Recht, innerhalb von drei Jahren nach ihrer staatlichen Registrierung von der Mitgliedschaft der Bank als Mitglieder zurückzutreten.

Die staatliche Registrierung einer Bank verläuft nach folgenden Schritten:

1. Die Gründer des Unternehmens senden eine Anfrage an die Bank von Russland (Abteilung für Zulassung und Beendigung von Aktivitäten von Finanzorganisationen) über die Möglichkeit der Gründung und Verwendung der vorgesehenen Bankinstitute und deren vorgesehenen Firmennamen (auf Russisch). Die Zentralbank der Russischen Föderation prüft die Existenz identischer Namen anderer Kreditinstitute im staatlichen Register der Kreditinstitute und gestattet in berechtigterweise den Gründern der Bank, die gewählten Namen zu verwenden;

2. Danach senden die Gründer Dokumente an die Zentrale der Bank von Russland (Abteilung für Aufnahme und Beendigung der Tätigkeit von Finanzinstituten der Zentralbank von Russland). Das Paket von Dokumenten umfasst insbesondere:

   – Antrag auf staatliche Registrierung einer Bank;

   – vollständige Liste der Gründer der Bank;

   – die von ihren Gründern genehmigte Gründungsurkunde der Bank. Sie enthält Informationen über die vollständigen und abgekürzten Namen der Bank, die Liste der Bankgeschäfte und die von ihr durchgeführten Transaktionen, die Höhe des genehmigten Kapitals, das System der Leitungsorgane der Bank, das Sanierungs- und Liquidationsverfahren der Bank und andere Informationen;

   – Geschäftsplan der Bank;

   – das Protokoll der Hauptversammlung der Gründer der Bank, die Entscheidungen über die Gründung der Bank, Genehmigung ihres Namens, Forecast, Geschäftsplan, Wahl der Mitglieder des Board of Directors der Bank enthält. Neben dem Protokoll der Generalversammlung gibt es das Protokoll der Sitzung des Aufsichtsrates der Bank, das den Beschluss enthält, den Vorsitzenden des Verwaltungsrats (des Aufsichtsrates) zu wählen

- Dokumente, die die staatliche Registrierung der Gründer der Bank und die Stabilität ihrer finanziellen Situation bestätigen;
- Dokumente, die das Eigentumsrecht (oder die Vermietung, Untervermietung) des Gründers oder einer anderen Person an dem Gebäude bestätigen, das durch den Bau fertiggestellt wurde und in dem die Bank ihren Sitz haben wird.

3. Die Zentralbank der Russischen Föderation prüft die erhaltenen Dokumente und, im Fall einer positiven Entscheidung über die staatliche Registrierung der Bank, gibt sie Informationen über die staatliche Registrierung in das staatliche Register der Kreditinstitute ein und meldet die Entscheidung der autorisierten Registrierungsstelle. Die zugelassene Registrierungsstelle muss die Informationen über die etablierte Bank in das einheitliche staatliche Register der juristischen Personen eingeben;

4. Die Zentralbank der Russischen Föderation benachrichtigt ihre Gründer spätestens drei Arbeitstage nach Erhalt der autorisierten Registrierungsstelle über die in die Informationen über die Registrierung der Bank und stellt ein Dokument aus, das die Eintragung der Bank in das einheitliche Staatsregister der juristischen Personen bestätigt. Danach müssen die Gründer der Bank ihr genehmigtes Kapital in einem Monat vollständig bezahlen. Die Nichtzahlung oder unvollständige Zahlung des genehmigten Kapitals der Bank innerhalb der festgelegten Zeit ist die Grundlage für den Antrag der CBR bei dem Gericht mit der Forderung nach Liquidation der Bank. Bei rechtzeitiger Zahlung des genehmigten Kapitals der Bank erteilt die Zentralbank der Russischen Föderation nach Eingang der von den Gründern der Bank bestätigten Dokumente die Genehmigung, Bankgeschäfte innerhalb von drei Tagen durchzuführen.

Die Entscheidung über die staatliche Registrierung einer Bank und die Erteilung einer Genehmigung für die Durchführung von Bankgeschäften oder deren Ablehnung erfolgt innerhalb von sechs Monaten nach dem Datum der Einreichung aller Dokumente der Zentralbank der Russischen Föderation durch die Gründer der Bank.

In der Lizenz für Bankgeschäfte sind:

1. Bankoperationen, für die es ausgegeben wurde und
2. die Währung, in der sie gehalten werden können.

Die Lizenz wird ohne Ablaufdatum ausgestellt.

Der neu gegründeten Bank können folgende Arten von Lizenzen erteilt werden:

1. eine Lizenz zur Durchführung von Bankgeschäften mit Rubelmitteln (ohne das Recht, Gelder aus Einlagen von Privatpersonen zu erhalten);
2. eine Lizenz zur Durchführung von Bankgeschäften mit Rubel- und Fremdwährungsmitteln (ohne das Recht, Gelder aus Einlagen von Einzelpersonen zu erhalten);
3. Lizenz zur Akquisition von Einlagen und Platzierung von Edelmetallen. Sie kann der Bank unter der im vorherigen Absatz genannten Lizenz erteilt werden;
4. eine Lizenz, um Geld von Einzelpersonen in Rubel anzunehmen. Es kann gleichzeitig oder bei Vorliegen einer in P. 1 genannten Lizenz an die Bank ausgegeben werden;
5. eine Lizenz, um Einlagen von Einzelpersonen in Rubel und Fremdwährung anzunehmen. Sie kann der Bank mit oder in Verbindung mit der in Absatz 2 genannten Lizenz erteilt werden;
6. eine Lizenz zur Durchführung von Bankgeschäften mit Rubel-Mitteln (ohne das Recht, Geld von Einzelpersonen zu erhalten und Bar-, Wechsel-, Zahlungs- und Abwicklungsdokumente und Geldleistungen für natürliche und juristische Personen zu sammeln);
7. eine Lizenz zur Durchführung von Bankgeschäften mit Geldern in Rubel und Fremdwährung (ohne das Recht, Geld von Einzelpersonen zu erhalten und Geld, Wechsel, Zahlungs- und Abwicklungsdokumente und Geldleistungen für natürliche und juristische Personen zu sammeln).

Die in den Absätzen genannten 2 bis 7 Banklizenzen können unmittelbar nach der staatlichen Registrierung oder in der Zukunft zugeteilt werden. Es gibt Besonderheiten hier. So ist die Lizenz in den Absätzen 4 und 5 an Banken vergeben, für die die staatliche Registrierung mindestens zwei Jahren gilt und folgende Bedingungen erfüllt sind:

1. die Höhe des Stammkapitals einer neu registrierten Bank mit einer Universallizenz oder der Betrag der Eigenmittel (Eigenkapital) eines Kreditinstitutes mit einer Universallizenz beträgt mindestens 3,6 Mrd. Rubel sowie
2. Die Bank erfüllt die von der Zentralbank aufgestellte Verpflichtung, einer unbestimmten Anzahl von Personen Informationen über Personen zu geben, unter deren Kontrolle oder bedeutendem Einfluss sie sich befindet.

Außer oben genannten Lizenzen können Banken eine Generallizenz erhalten. Es wird an Banken ausgegeben, die gleichzeitig die folgenden Bedingungen erfüllen:

1. Verfügbarkeit von Lizenzen für alle Bankgeschäfte mit Geldern in Rubel und Fremdwährung (mit Ausnahme einer Lizenz zur Durchführung von Bankgeschäften mit Edelmetallen);
2. die Höhe der Eigenmittel (Eigenkapital) der Bank beträgt nicht weniger als 1 Mrd. Rubel für Banken mit Universallizenz oder 300 Mio. Rubel für Banken mit Basislizenz (dieser Kapitalbetrag wird ab dem 01.01.2018 eingeführt);
3. die Gründung der Bank war nicht früher als vor zwei Jahren;
4. Die Bank hat erfolgreich eine komplexe Prüfung der russischen Zentralbank bestanden.

Die Bank, die die allgemeine Lizenz erhalten hat, erhält folgende Rechte. Sie kann mit Genehmigung der Zentralbank Niederlassungen, Tochtergesellschaften im Ausland sowie nach Mitteilung an die Zentralbank Repräsentanzen gründen.

Die Anzahl der russischen Banken in der Dynamik der letzten Jahre ist in Tab. 1.2 dargestellt.

Wie aus Tab. 1.2 zu sehen ist, hat sich im Zeitraum 2012–2017 die Zahl der Geschäftsbanken von 922 auf 575 verringert. Konkret: Banken mit einer Erlaubnis zur Erhöhung der Einlagen von privaten Haushalten von 797 auf 515 und Banken mit einer Allgemeingenehmigung von 273 auf 205.

Die Zentralbank der Russischen Föderation kann in den vom RF Gesetz vom 02.12.1990 Nr. 395-1 „Über Banken und Bankgeschäfte" festgelegten Kriterien, Lizenzen zurücknehmen, insbesondere in den Fällen:

1. Feststellung der Unzuverlässigkeit der Informationen, auf deren Grundlage die Lizenz erteilt wurde;
2. Verzögerung der Aufnahme von Bankgeschäften, die in der seit mehr als einem Jahr ab dem Datum ihrer Erteilung erhaltenen Lizenz vorgesehen sind;
3. Feststellung von Tatsachen mit erheblicher Unzuverlässigkeit der Meldedaten;
4. Verzögerung von mehr als 15 Tagen der Einreichung von monatlichen Berichten;

Tab. 1.2 Dynamik der russischen Bankenwelt. (Zentralbank der Russischen Föderation o. J.)

Am 1. Januar	2012	2013	2014	2015	2016	2017
Anzahl der Banken, die Bankgeschäfte durchführen dürfen, einschließlich:	922	897	859	783	681	575
Einer Lizenz, Ablagerungen von der Öffentlichkeit anzuziehen	797	784	756	690	604	515
Einer allgemeinen Lizenz	273	270	270	256	231	205

5. Durchführung, einschließlich einmaliger Bankoperationen, die nicht durch die Banklizenz vorgesehen sind;

6. Nichtdurchführung der Forderungen der Bundesgesetze, die das Bankgeschäft und die Vorschriften der Bank von Russland regeln, wenn die Bank innerhalb eines Jahres wiederholt die im Gesetz der Russischen Föderation vorgesehenen Einflussmöglichkeiten angewendet hat „Über die Zentralbank der Russischen Föderation (Bank von Russland)".

Z. B. muss in einigen Fällen eine Lizenz von der Bank widerrufen, insbesondere wenn:

1. der Wert aller Standards der ausreichenden Eigenmittel (haftendes Eigenkapital) der Bank liegt unter zwei Prozent;

2. Die Höhe des Eigenkapitals der Bank liegt unter dem am Tag der staatlichen Registrierung festgesetzten Mindestbetrag des genehmigten Kapitals;

3. Die Bank erfüllt nicht die Anforderungen der Zentralbank der Russischen Föderation hinsichtlich der Herbeiführung des Wertes des genehmigten Kapitals und des Eigenkapitals;

4. Die Bank kann die Forderungen der Gläubiger für monetäre Verpflichtungen nicht erfüllen und/oder die Verpflichtung zur Zahlung von Pflichtzahlungen nicht innerhalb von 14 Tagen ab dem Tag der Fälligkeit erfüllen (Leistungsversprechen). Gleichzeitig betragen die Forderungen der Gläubiger insgesamt nicht weniger als das 1000-fache des Mindestlohns;

5. Die Bank mit einer Universallizenz zum 01.01.2018 hat die Menge ihrer eigenen durch das Gesetz der Russischen Föderation „Auf Banken und Banktätigkeiten" (1 Mrd. Rubel) gegründeten Kapitalmittel nicht erreicht.

Um ihre Interessen zu schützen und zu vertreten, Aktivitäten zu koordinieren, Empfehlungen zu ihrer Umsetzung zu geben und andere gemeinsame Aufgaben zu lösen, können Banken Allianzen und Verbände gründen, die keine gewinnbringenden Ziele verfolgen. Gewerkschaften und Vereinigungen dürfen keine Bankgeschäfte durchführen. Gewerkschaften und Verbände benachrichtigen die Zentralbank Russlands innerhalb eines Monats nach der Registrierung über ihre Gründung. In der russischen Praxis haben sich keine Gewerkschaften entwickelt, sondern Bankenverbände, die bekanntesten von ihnen sind der Verband der russischen Banken, der Verband der Banken des Nordwestens.

Auch können Bankengruppen und Beteiligungen erstellt werden. Eine Bankengruppe ist eine Vereinigung der juristischen Personen, die keine juristische Person ist, in der eine oder mehrere juristische Personen (Mitglieder einer Bankengruppe) unter der Kontrolle oder dem maßgeblichen Einfluss eines Kreditinstituts stehen (das Mutterkreditinstitut einer Bankengruppe). Beispiele für Bankengruppen sind die VTB Group, Sberank Rossiya und Bank Otkrytie.

1.5   Das System der Einlagensicherung in Russland

Die Agentur für Anlagensicherung (im Folgenden als AIV bezeichnet) beschäftigt sich mit der Absicherung von Einlagen von Bürgern in russischen Banken. Sie gilt nicht als Teil der Versicherungsbranche, sondern als Teil der Infrastruktur des russischen Bankensystems. Die sog. Kautionsversicherung wird in Übereinstimmung mit dem Gesetz Nr. 177-FZ der Russischen Föderation vom 23.12.2003 „Über die Absicherung der persönlichen Einlagen bei Banken der Russischen Föderation" durchgeführt. Sie erfordert nicht den Abschluss eines Versicherungsvertrages. Die AIV ist eine gemeinnützige Organisation, die in organisatorischer und rechtlicher Form als eine staatliche Körperschaft tätig ist. Der Gründer von AIV ist die Russische Föderation. Die Ziele dieser Einlagenversicherungsform (im Folgenden „EVF") bestehen darin, die Rechte und legalen Interessen der Einleger bei russischen Banken zu schützen, das Vertrauen in das russische Bankensystem zu stärken und die Attraktivität von Ersparnissen für die Bevölkerung in Russland zu erhöhen.

Die Hauptanliegen von EVF sind:

1. obligatorische Teilnahme von Banken an der Einlagenversicherungsform;
2. Verringerung der Risiken vor negativen Auswirkungen für die Einleger, wenn die Banken ihren Verpflichtungen nicht nachkommen;
3. Systemtransparenz der Versicherungseinlagen;
4. Kumulativer Charakter der Bildung des obligatorischen Einlagensicherungsfonds durch regelmäßige Beiträge von EVF-Teilnehmern.

Gegenstand der Versicherung sind Bankanlagen, d. h. Geldmittel in der Währung der Russischen Föderation oder Fremdwährungen, die von Einzelpersonen in Banken auf dem Territorium der Russischen Föderation auf der Grundlage eines Bankeinlagenvertrags oder eines Bankkontenvertrags platziert werden, einschließlich kapitalisierter (aufgelaufener) Zinsen auf den Einzahlungsbetrag. Die Einlagensicherung erfordert keinen Abschluss eines Versicherungsvertrages.

Folgende Geldmittel sind nicht versichert:

1. die auf Bankkonten (Einlagen) von Rechtsanwälten, Notaren und anderen Personen deponiert sind, wenn solche Konten (Einlagen) für die Durchführung der in der Gesetzgebung der Russischen Föderation vorgesehenen beruflichen Tätigkeit geöffnet sind;
2. die von Privatpersonen in Bankeinlagen an Inhaber gestellt werden, auch solche, die durch einen Sparbrief und/oder ein Sparbuch zum Inhaber zugelassen sind;
3. die von Einzelpersonen an Banken im Treuhandverwaltung übertragen werden;
4. die in Einlagen in den Filialen russischer Banken außerhalb des Territoriums der Russischen Föderation platziert sind;
5. die elektronischen Geldmittel;
6. die auf nominellen Konten platziert werden (mit Ausnahme von individuellen Geldkonten, die für Vormünder oder Treuhänder geöffnet sind, und Begünstigte); Rechnungen und Treuhandkonten;
7. die von einzelnen Unternehmern in nachrangige Einlagen platziert sind.

Der Versicherungsfall tritt bei einer der folgenden Umstände ein:

- Entzug (Stornierung) einer Banklizenz für die Durchführung von Bankgeschäften; oder
- Einführung eines Moratoriums für die Befriedigung von Forderungen von Bankgläubigern durch die Zentralbank.

Das Versicherungsentgelt fließt die Bevölkerung in zwei Wochen nach Eintritt des Versicherungsfalles. Zu diesem Zweck wurde ein operatives Zahlungssystem durch autorisierte Vertreterbanken gebildet.

Beim Antrag auf die AIV mit den Anforderungen für die Zahlung der Entschädigung für Einlagen legt der Einleger (Erben) vor:

1. Erklärung zu dem von AIV erstellten Formular;
2. Dokumente, die seine Identität beweisen. Der Erbe muss auch Dokumente vorlegen, die sein Erbrecht bestätigen.

Die Auszahlung der Versicherungsentschädigung wird von der AIV in Übereinstimmung mit dem Verzeichnis der Verpflichtungen der Bank gegenüber den Einlegern durch eine autorisierte Bank (Agent Bank) durchgeführt. Die Ankündigung dazu, die Zeit, die Form und das Verfahren für die Annahme der berechtigten Einreichungen von Einlegern sowie die Zahlung von Entschädigungen für Einlagen sollen im „Bote der Bank von Russland" und in einem Aushang am Standort der Bank, die den Versicherungsfall auslöste, veröffentlicht werden.

Die AIV, die eine Entschädigung für die Kaution bezahlt hat, bekommt in Höhe der bezahlten Summe ein Forderungsrecht gegenüber der fallierenden Bank.

Die Höhe der Entschädigung für die Einlagen wird bei jedem Einleger auf der Grundlage der Höhe der Verpflichtungen der Bankeinlagen festgelegt, für die der Versicherungsfall vor der Einlage eingetreten ist. Die Erstattung von Einlagen bei der Bank, bei der der Versicherungsfall eingetreten ist, wird dem Einleger in Höhe von höchstens 1,4 Mio. Rubel ausgezahlt. Nach Schätzungen von Experten ermöglicht dies den Zugang zu Ansparungen, bevor das Insolvenzverfahren für etwa 80–85 % der Einleger beginnt.

Hat der Einleger mehrere Einzahlungen bei einer Bank, deren Gesamtbetrag für diese Einzahlungen auf den Einleger 1,4 Mio. Rubel übersteigt, so wird die Entschädigung für jede Einlage im Verhältnis zu ihrer Größe gezahlt. Ist der Versicherungsfall bei mehreren Banken eingetreten, bei denen der Einleger Einlagen hat, wird die Höhe der Versicherungsentschädigung für jede Bank gesondert berechnet. Die Höhe der Entschädigung für die Einlagen wird auf der Grundlage der Höhe des Guthabens (Einlagen) des Einlegers in der Bank am Ende des Tages des Eintritts des Versicherungsfalls berechnet.

Falls die Verpflichtung der Bank, für die der Versicherungsfall eingetreten ist, bei der die Einlage auf ausländische Währung lautet, wird die Höhe der Entschädigung für diese Einlagen in der Währung der Russischen Föderation zu dem von der Zentralbank der Russischen Föderation am Tag des Eintritts des Versicherungsfalls festgelegten Zinssatz berechnet. Wenn die Bank, bei der der Versicherungsfall eingetreten ist, gegenüber dem Einleger auch als Gläubiger gehandelt hat, bestimmt sich die Höhe der Einlagensicherung nach der Differenz zwischen dem Betrag der Verbindlichkeiten der Bank gegenüber dem Einleger und dem Betrag der Gegenforderungen der Bank vor dem Tag des Eintritts des Versicherungsfalles.

Zahlungen von Versicherungsleistungen an Einleger werden auf Rechnung der sog. Pfandversicherungsanstalt geleistet. Dieser Fonds befindet sich im Eigentum der AIV und ist von anderen Vermögenswerten der AIV getrennt. Für den Fonds dieser Pfandversicherung wird eine separate Buchhaltung durchgeführt.

Die Mittel des Fonds werden auf einem speziell eingerichteten Konto der AIV in der Zentralbank der Russischen Föderation gehalten.

Der Pfandversicherungsfonds wird ausgestattet mit gebildet durch:

1. ersten Eigenkapitalbeiträgen der Russischen Föderation;
2. von Banken gezahlte Versicherungsprämien; Geldstrafen für die verspätete und/oder unvollständige Zahlung von Versicherungsbeiträgen;

3. Erträge aus der Platzierung und/oder Anlage von vorübergehend verfügbaren AIV-Fonds
4. Geld und anderes Eigentum, das die AIV aus der Befriedigung von Ansprüchen als Folge der Zahlung an sie aus der Erstattung von Einlagen erhielt;
5. Mitteln des Bundeshaushalts (in einem speziellen Fall);
6. Darlehen von der Zentralbank Russlands (Bank of Russia für 5 Jahre).

Versicherungsprämien zahlen Banken ab dem Zeitpunkt, ab dem sie dem Einlagensicherungssystem beitraten. Die Berechnungsgrundlage für die Berechnung der Versicherungsprämien ist definiert als der durchschnittliche chronologische Tagesabrechnungssaldo (Kalenderquartal des Jahres) der Tagessalden auf laufenden Konten. Seit Anfang 2014 hat die AIV begonnen, Bankkonten einzelner Unternehmen zu versichern, deren Salden nun ebenfalls in die Berechnungsgrundlage eingehen.

Das Gesetz der Russischen Föderation Nr. 432-FZ vom 22. Dezember 2014 legt den Effekt von 3 Arten von Versicherungsprämiensätzen fest. **Der Basissatz** der Versicherungsprämien wird vom Verwaltungsrat der AIV in einheitlicher Höhe für alle Banken festgelegt. Sie sollte 0,15 % der Basis für den letzten Abrechnungszeitraum nicht überschreiten. Zurzeit beträgt es 0,1 %.

Die Zusatzrate der Versicherungsprämien wird für alle Banken einheitlich festgelegt. Sie beträgt nicht mehr als 50 % des Basiszinssatzes.

Die erhöhte Zusatzrate der Versicherungsprämien wird einheitlich für alle Banken in Höhe von maximal 500 % des Basiszinssatzes festgelegt. Die erhöhte Zusatzrate der Versicherungsprämien wird von den Banken in den Fällen bezahlt, wenn:

- sie während eines Monats des Quartals mindestens eine Einlage annahmen oder sie schlossen eine Vereinbarung über die Änderung der Bedingungen des Einlagenvertrages über die Einlagenverzinsung von mehr als 3 Prozentpunkte pro Jahr, der von der Bank von Russland für den entsprechenden Monat für Einlagen in ausländischer Währung festgelegten Basis der Verzinsung der Einlagen RF oder Fremdwährung;
- die finanzielle Lage der Banken den Kriterien entspricht, die von der Zentralbank der Russischen Föderation für die Zahlung eines erhöhten Zusatzzinssatzes festgelegt wurden.

Die Einrichtung zusätzlicher und erhöhter Zusatzsätze von Versicherungsprämien für die Bank wird von der AIV auf der Grundlage von Informationen der Bank von Russland durchgeführt. Die Bank muss spätestens am 20. Tag des zweiten Monats des auf den Abrechnungszeitraum folgenden Quartals darüber informiert werden. Die Zahlung der Versicherungsbeiträge erfolgt in der Währung der Russischen Föderation spätestens am letzten Arbeitstag des zweiten Monats des Quartals nach dem Rechnungszeitraum. Bei vorzeitiger oder unvollständiger Zahlung von Versicherungsprämien erhebt die AIV Strafen.

Der Betrieb des Einlagensicherungssystems wird von der Regierung der Russischen Föderation und der Bank von Russland durch die Teilnahme ihrer Vertreter in den AIV-Leitungsorganen durchgeführt.

Der Bankensektor Russlands hat sich seit dem Ende der Sowjetunion stark verändert. Das Ziel der Entwicklungen war, dass sich der Staat immer mehr aus dem russischen Bankensystem zurück zieht und sich ein marktwirtschaftliches Bankensystem entwickelt. Durch geringe Kapitalanforderungen für die Bankengründung und das Ende des Staatsmonopols kam es zu einem Bankenboom, in dessen Folge die Zahl der Banken von 5 (1988) auf 1360 (1992) stieg. Während der Entwicklung des Bankensektors erlebte die Russische Föderation eine Reihe von Krisen, unter anderem in den Jahren 1995, 1998, 2004, 2008 und 2014. Jede dieser Krisen ist situativ und individuell verursacht. Sie sollen kurz mit ihren Konsequenzen für die jeweilige weitere Entwicklung der russischen Bankenwelt dargestellt werden.

2.1 Bankenkrisen und deren Folgen

Die Krise von 1995
Die Kreditvergabe blieb in Russland zunächst lange unterentwickelt. Die Privatbanken handelten hauptsächlich mit Staatsanleihen und verwalteten Haushaltsgelder, um sich so zu refinanzieren. Dies funktionierte jedoch nur kurzfristig. Langfristig konnten viele Banken ihre Risiken nicht ausreichend adjustieren. Dies führte 1995 zu einigen Schließungen von Banken. Zu dieser Zeit war die Sberbank die einzige flächendeckende Privatbank.

Die mit der Liquiditätskrise auf dem Interbankenmarkt einhergehenden Schieflagen von Banken gingen als „Schwarzer Donnerstag" im August 1995 als Lehrbeispiel in die Geschichte ein. Aufgrund von Interbankenkrediten zogen einige Banken in großen Volumina Kredite in ihr eigenes Vermögen zurück. Dies geschah auch, um die Forderungsausfälle in der Bilanz zu füllen, die aus der früheren riskanten Kreditpolitik entstanden. Einige von ihnen hatten bis zur Hälfte der Interbankenkredite im Passiv und hatten damit alle Bankgeschäfte finanziert, was klassischen Prinzipien widersprach. Später wurde klar, dass es nur eines leichten Anstoßes bedurfte, um alle Probleme klar zum Vorschein zu bringen (vgl. Tarasevich 2017).

Zu Beginn der Krise begann die Moskauer Interregionale Handelsbank Zahlungen zu verzögern. Nach Ansicht einiger Experten wurde die am 24. August eingetretene Krisensituation ausschließlich aus technischen Gründen provoziert. Einige der großen Banken haben dem Markt daraufhin kein Geld zur Verfügung gestellt. Im Falle dieser Krise erwies sich nun die begrenzte Aufnahmekapazität des Marktes für kurzfristige Staatsanleihen als existenzgefährdendes Problem. Angesichts der schwierigen Situation wurden viele Banken aus dem Interbanken-Kreditmarkt ausgeschlossen. Einige von ihnen verzögerten die Rückzahlung von Krediten. Andere stellten die Kreditvergabe gleich ganz ein. Die sich verschlechternde Situation eskalierte bald. Infolgedessen gab es eine Liquiditätskrise am Markt. Mehr als 100 Banken hatten keine Möglichkeit, ihre eigenen Positionen zu schließen. Die Zinsen stiegen von einem Wert von 80–100 Punkten (am 23. August) bis 1000 pro Jahr (vgl. Ruabov 2014).

Am Abend des 25. August 1995 konnten mehr als 150 Kreditinstitute ihre Kreditpositionen nicht schließen (vgl. Nikonow 2017). Es dauerte zwei Tage, bis der Interbankenkreditmarkt fast vollständig geleert war. Laut Interbank Financial House (IFH) ist das Volumen der durchgeführten Operationen von 1,5 Billionen auf 160 Mio. gesunken. Viele große und vertrauenswürdige Banken wie die Lefortovsky Bank, die Allrussische Börse, die Moskauer Stadtbank versanken im Bankrott.

Wie ein „Kartenhaus" ist das ganze System zusammengebrochen. Die Verlustspirale nahm ihren Lauf. Etwa 200 Bankorganisationen wurden „Opfer" der Krise. Zumindest ein weiteres Jahr konnte man die Folgen der Krise spüren. Aber, es ist erwähnenswert, dass ohne staatliche Intervention, nämlich den Kauf der staatlichen kurzfristigen Anleihen von der Zentralbank im Wert von etwa 1,5 Billionen Rubel, die finanzwirtschaftliche Schieflage noch dramatischer hätte enden können. Dieses rasche Eingreifen mit neuer Liquidität beendete die Krise.

Im Herbst 1995 begann sich der Markt für Interbankenkredite allmählich zu erholen. Außerdem wurde das Vertrauen zwischen den Teilnehmern allmählich wiederhergestellt. Als positive Auswirkung der Krise kann man den Bankrott vieler ineffizienter Kreditinstitute feststellen. Die bankwirtschaftlichen Leistungsprozesse sind hinsichtlich Sicherheit, Rentabilität und Liquidität für alle Stakeholder qualitativ gestiegen. Die Nachfrage nach aussagefähigen finanzanalytischen Dienstleistungen und bankwirtschaftlichen Technologien stieg. Dies diente dazu, für den Bankensektor nötige Innovationen voranzutreiben.

Es dauerte mehr als ein Jahr, bis sich alles normalisierte und sich dem Zustand vor der Krise näherte. Da die politische und wirtschaftliche Situation Russlands einen sicheren Rückhalt verlieh, verlief diese Krise lediglich als Bankenkrise (vgl. Tarasevich 2017).

Es kam zur Gründung von einigen branchenbezogenen Geschäftsbanken, die durch die Privatisierung oft erhebliche Industriebeteiligungen erhielten. Dadurch finanzierten sich Konzerne oft über ihre eigenen Geschäftsbanken. Andere Banken hatten daraufhin jedoch Schwierigkeiten zu expandieren.

Krise 1998

Viele Kreditportfolios entwickelten sich über die Jahre hinsichtlich ihres ertrags- und risikoadjustierten Kreditwachstums so schlecht, dass einige Banken zahlungsunfähig wurden. Es folgte im Jahre 1998 die nächste Finanzkrise. Die Zahl der Privatbanken nahm wieder ab. Zudem wurden die Eigenkapitalanforderungen für die Erteilung von Lizenzen stark erhöht.

Die Krise von 1998 in Russland war der erste Default in der modernen russischer Geschichte, der vom Staat auf inländische Wertpapiere in der nationalen Währung (Rubel) erklärt wurde.

Ausgabe von kurzfristiger Staatsanleihen

Der Emissions- und Umlaufmechanismus wurde 1992 von der Wertpapierverwaltung der Russischen Bank entwickelt. Die erste Emission im Wert von 1 Mrd. Rubel fand im Mai 1993 statt. Zu dem Zeitpunkt war es offensichtlich, dass es unmöglich war, die Ansprüche des Staatshaushalts ausschließlich aus externen Krediten zu finanzieren, insbesondere nach der Verschlechterung der Beziehungen zu den Hauptgläubigern wie den International Monetary Fund (IMF) und die Weltbank. Kurz vor der Krise, Ende Juli 1998, stellte zwar der IWF ein Darlehen in Höhe von 22 Mio. US$ für Russland bereit. Doch die Staatseinnahmen reichten in der Folge nicht aus, um die Zinszahlungen für dieses Darlehen zu decken.

Die kurzfristige Staatsanleihe wurde als eine nominale Discount-Anleihen mit Laufzeiten von drei Monaten bis zu einem Jahr begeben. Die Erträge wurden als Differenz zwischen den Rückzahlungs- und Kaufpreisen berechnet. Die hohe Nachfrage wurde auch von der Zentralbank durch Tochtergesellschaften unterstützt.

Der ständige Anstieg der Rendite von Neuemissionen bei kurzfristigen Staatsanleihen im Jahr 1998 machte diesen Markt von einer Quelle der zur Schließung des Haushaltsdefizits zu einer klassischen Finanzpyramide ähnlich der „MMM". Der größte Teil des Bankvermögens wurde in ständig steigende Staatsanleihen investiert. Es folgte ein Crowding Out, der die Kreditvergabe an die Realwirtschaft wurde praktisch zum Versiegen brachte. Die letzten Ausgaben der kurzfristigen Staatsanleihen hatten eine Rentabilität von ungefähr 140 %, und deshalb waren bis August 1998 alle Ressourcen für die Rückzahlung und Aufrechterhaltung des Rubel-Wechselkurses ausgeschöpft. Versuche der Regierung, große Pakete der kurzfristigen Staatsanleihen auf Eurobonds zu ändern, scheiterten ebenfalls (Golodova 2009).

In solchen Fällen musste das Land laut der klassischen Praxis mit der Emission von Geld beginnen, einen Inflationsmechanismus auflegen und bei Abwertung der nationalen Währung eine nominale Schuldentilgung vornehmen. Es ist logisch, dass dieses Szenario von russischen Anlegern erwartet wurde, die Einlagen in kurzfristige Staatsanleihen tätigten, dass hoffentlich diese Einlagen durch einen festen Wechselkurs der Landeswährung geschützt werden.

Nichtsdestoweniger hat Russland den Verzugsweg gewählt, sowohl für die Außen- als auch für die Innenschulden. Angesichts der negativen Erfahrungen in den frühen 1990er Jahren könnte eine neue Welle der Inflation sozial gefährlich sein, und die Nichtzahlung von Auslandsschulden war inakzeptabel.

Nach Schätzungen der Moskauer Bankenunion hat die russische Wirtschaft bis Ende 1998 mindestens 96 Mrd. US$ verloren, darunter die Verluste des Bankensektors von 45 Mrd. US$ und die Einlagen der Bevölkerung 19 Mrd. US$.

Der Übergang zum Marktpreis des Rubels wirkte sich insgesamt positiv auf die Wirtschaft aus, führte jedoch zu einer massiven Abwertung. Exporteure erhielten wieder das notwendige Betriebskapital für Innovationen in ihren Wertschöpfungsressourcen. Auch die Steuereinnahmen erhöhten sich erstmals wieder Anfang 1999, da auch das BIP wieder wuchs.

Im Gegensatz zur Industrie stand das Bankensystem vor einem völligen Zusammenbruch, vor allem wegen des Zusammenbruchs der kurzfristigen Staatsanleihen-Pyramide. Die Umstrukturierung ermöglichte es den Banken, den Kunden nicht mehr als 1 % ihrer eingelegten Mittel zurückzuzahlen, was zu einem massiven Bankrott von Finanzinstituten führte sowie zu der Unfähigkeit, die Einlagen der Bevölkerung zurückzuzahlen und laufende Zahlungen zu bedienen.

Verringerung der Einlagen von Privatpersonen in Fremdwährungen von Juni bis Dezember (einschließlich 1 Mrd. US$ in Sberbank und 2 Mrd. US$ in anderen Geschäftsbanken).

Summe der Bankenaktiva, die Anfang August auf eine Billion Rubel geschätzt wurde, sank am 17. August an einem Tag um 150 Mrd. Rubel. Es gab auch eine Verringerung des Nettovermögens um 20 %, von 700 Mrd. auf 560 (vgl. Nikonow 2017).

Die Finanzkrise 2008/2009

Die Finanzkrise 2008/2009 traf Russland auch, jedoch nicht ganz so stark wie die anderen europäischen Länder. Dies lag vor allem daran, dass Russland durch den Export von Rohstoffen wie ÖL, Erdgas und Metallen große Devisenreserven angelegt hat.

Im Zusammenhang mit der Finanz- und Wirtschaftskrise, die in Russland aufgrund eines starken Rückgangs der Nachfrage und der Preise auf der Weltbühne begonnen hat, ist der Leistungsbilanzüberschuss deutlich zurückgegangen. Im dritten Viertel 2008 entsprach es 29,6 Mrd. US$. Und im vierten Quartal sank es um 71 % auf nur noch 8,5 Mrd. US$. Der allgemeine Rückgang der Preise für eine Reihe von Waren beeinflusst extrem den Export Russlands. Der Ölpreis fiel von 130 US$ pro Barrel im Juni auf 41 US$ im Dezember 2008. Trotz der sich verschlechternden Terms of Trade hat sich das Volumen der Einfuhren im IV. Quartal 2008 sich aufgrund der geringen Elastizität der Einfuhren zum Wechselkurs des Rubels und dem Fehlen ähnlicher Inlandsprodukte nur geringfügig verändert. Die positive Handelsbilanz im IV. Quartal 2008 erreichte 24,7 Mrd. US$ gegenüber 53,9 Mrd. US$ im Vorquartal.

So investierten noch 2006–2007 große Institutionen in den russischen Finanzmarkt. Ein Jahr später kam es jedoch vor dem Hintergrund einer allgemein instabilen Lage auf den Weltfinanzmärkten zu einem großen Mittelabfluss aus Ländern mit der sich entwickelnden Wirtschaft, zu der Russland gehört. Der Kapitalabfluss aus dem Land belief sich auf 159 Mio. US$ von September bis Dezember 2008. Davon kam es 72 Mio. auf den Bankensektor. Die Indizes MICEX und RTS fielen um siebzig Prozent. Dies geschah vor dem Hintergrund des Abflusses von Mitteln aus Anleihen und Aktien von inländischen Unternehmen. Auch wegen der niedrigeren Preise für Unternehmensanleihen ist die Rendite für sie sprunghaft angestiegen. Der Inlandsmarkt war aufgrund der Manifestation des dominanten Verhaltens bestimmter Öl- und Gasgesellschaften nicht diversifiziert. Es gab auch eine gewisse Abhängigkeit von ausländischen Investitionen. Da die verpfändeten Aktien im Preis einiger großer inländischer Unternehmen stark nachgaben, verlangten ausländische Banken, die Kredite vergaben, eine vorzeitige Rückzahlung der Gelder.

Der rasche Zusammenbruch der Indizes auf den Weltfinanzmärkten hat den Rückzug ausländischer Investoren aus dem Inland verursacht. Es kam, begleitet von dem Kauf von Devisen auf dem Inlandsmarkt, eine massive Flucht von ausländischem, spekulativem Kapital. So war es praktisch unmöglich für inländische Unternehmen und Banken, neue Kredite von außen zu gewinnen.

So war e schon für die Zeit vor der Krise signifikant zu sehen wie die Anzahl der Geschäftsbanken in allen Bundesdistrikten sank. In den Jahren 2007–2008 ist die Anzahl der Banken um weitere 28 gefallen.

Die Verbindlichkeiten der Bank zeigten einen deutlichen Rückgang im Jahr 2008. Der Anteil der Eigenmittel an den gesamten Verbindlichkeiten der Banken betrug nur noch 21,1 % und war damit kein wesentlicher und verlässlicher Teil der Ressourcenbasis der Geschäftsbanken mehr. Gleichzeitig hat sich das Verhältnis der Einlagen der privaten Haushalte zum BIP, quasi die Sparquote, verändert: Im Jahr 2008 ging dieser Indikator um 1,4 % zurück und betrug 14,2 % (vgl. Golodova 2009).

Für diesen Zeitraum war eine starke Abhängigkeit der Banken von externen Finanzierungsquellen charakteristisch. Die Auslandsschulden der Geschäftsbanken stieg von Anfang 2007 von 163,7 Mrd. US$ bis 2009 auf 166,3 Mrd. US$.

Der Wechselkurs der Landeswährung in den Jahren 2008–2009 sank um das 1,56-fache. Das Jahr 2008 wurde als eine Politik der „sanften" Abwertung erklärt, was zu einer geringeren Abwertung des russischen Rubels führte (Tab. 2.1).

Diese Periode war gekennzeichnet durch:

- den Rückgang des Umsatzes beim Kauf und Verkauf von Devisen im Interbankenmarkt um fast 35 %;
- die Übertragung eines Teils der Rubeleinlagen von Einzelpersonen und Organisationen in Dollar: Der Anteil der Fremdwährungseinlagen am gesamten Einlagenvolumen der Banken ist 2008 gestiegen – von 24,1 auf 36,1 %;
- den Export von Privatkapital aus dem Bankensektor, dessen Umfang im Jahr 2008 56,9 Mrd. US$ war;
- die Erhöhung der Ersparnisse in Fremdwährung außerhalb des Bankensystems: für 2008 um fast $ 25 Mrd. gestiegen;
- das Wachstum der Auslandsverbindlichkeiten der Wirtschaft, die 2008 auf 132,3 Mrd. US$ zugenommen haben, aber seine Wachstumsrate ist im Vergleich zu 2007 um 11 % zurückgegangen.

Tab. 2.1 Parameter des russischen Devisenmarktes in den Jahren 1997–2008. (vgl. Golodova 2009)

Indikator	1997	1998	2007	2008
Tiefe der Abwertung der Landeswährung gegenüber dem Dollar	1,07	4,24	0,92	1,2
Netto-Import/Export von Kapital, Milliarden Dollar	−18,2	−21,7	83,1	0,6
Import von Währung, Milliarden Dollar	37,5	16,2	12,8	44,0
Export von Währung, Milliarden Dollar	0,4	0,4	20,6	11,8

Im Jahr 2008 stieg der Import von Devisen für das Jahr um 31,2 Mrd. US$ und war 3,7-mal höher als der Export. Darüber hinaus hat sich die Nachfrage nach Bargeld durch Einzelpersonen aufgrund eines starken Rückgangs ihrer Zahlungsfähigkeit fast verdoppelt. Der Anteil der Einkommen von Einzelpersonen, die für den Kauf von Bargeld in der gesamten Höhe des Einkommens geschickt wurden, stieg von 5,7 bis 8,8 % (vgl. Golodova 2009).

Finanzkrise 2014/2015
Die wesentlichen Auslöser dieser aktuellen Krise waren der Einbruch des Ölpreises, die Wirtschaftssanktionen infolge der Krim-Krise und fehlende Anreize für Investitionen in Russland. Der Grund für den Einbruch des Ölpreises wiederum war unter anderem die Gewinnung von Erdöl durch Fracking in den USA. Durch diese Faktoren verlor der Rubel erheblich an Wert. Alleine im Jahr 2014 gab er fast 60 % seines Wertes ab.

Dadurch verteuerten sich importierte Güter extrem, und die Inflation stieg auf über 15 %. Dies veranlasste nun die russische Zentralbank zu einer rasanten Anhebung des Leitzinses von 10,5 % auf 17 %. Eine Erhöhung des Leitzinses kann zwar zur Senkung der Inflation und Stabilisierung der Währung führen, allerdings erhöht sich auch der Preis für die Kreditfinanzierung. Dies im Zusammenhang mit der fehlenden Konsumnachfrage stellte die russischen Unternehmen vor große Probleme.

Auch infolgedessen sind immer mehr Banken wie oben erwähnt geschlossen worden. Der Leitzins hat sich seitdem allerdings wieder normalisiert und liegt derzeit bei 7,25 % (Global Rates o. J.). 2014/2015 kam es zu einer Finanzkrise. Grund dafür war der Einbruch des Ölpreises, die Wirtschaftssanktionen infolge der Krim-Krise und fehlende Anreize für Investitionen. Grund für den Einbruch des Ölpreises war unter anderem die Gewinnung von Erdöl durch Fracking in den USA. Durch diese Faktoren verlor der Rubel erheblich an Wert, alleine im Jahr 2014 fast 60 % seines Wertes (Zentralbank der Russischen Föderation o. J.).

Dadurch verteuerten sich importierte Güter extrem, und die Inflation stieg auf über 15 %. Dies bewegte die russische Zentralbank zu einer Erhöhung des Leitzinses von 10,5 % auf 17 %. Eine Erhöhung des Leitzinses kann zwar zur Senkung der Inflation und der Währung führen, allerdings erhöht sich auch die Kreditfinanzierung. Dies im Zusammenhang mit der fehlenden Konsumnachfrage stellte die russischen Unternehmen vor große Probleme.

Auch infolgedessen sind immer mehr Banken wie oben erwähnt geschlossen worden. Der Leitzins hat sich seitdem allerdings wieder normalisiert und liegt derzeit bei 7,25 % (Global Rates o. J.).

Die Krise von 2014

2014/2015 kam es zu einer Finanzkrise. Grund dafür war der Einbruch des Ölpreises, die Wirtschaftssanktionen infolge der Krim-Krise und fehlende Anreize für Investitionen. Grund für den Einbruch des Ölpreises war unter anderem die Gewinnung von Erdöl durch Fracking in den USA. Durch diese Faktoren verlor der Rubel erheblich an Wert, alleine im Jahr 2014 fast 60 % seines Wertes (nach Zentralbank der Russischen Föderation o. J.) Dadurch verteuerten sich importierte Güter extrem, und die Inflation stieg auf über 15 %. Dies bewegte die russische Zentralbank zu einer Erhöhung des Leitzinses von 10,5 % auf 17 %. Eine Erhöhung des Leitzinses kann zwar zur Senkung der Inflation und der Währung führen, allerdings erhöht sich auch die Kreditfinanzierung. Dies im Zusammenhang mit der fehlenden Konsumnachfrage stellte die russischen Unternehmen vor große Probleme.

Auch infolgedessen sind immer mehr Banken wie oben erwähnt geschlossen worden. Der Leitzins hat sich seitdem allerdings wieder normalisiert und liegt derzeit bei 7,25 % (nach Zentralbank der Russischen Föderation o. J.)

Aufgrund der angespannten wirtschaftlichen und politischen Situation ist eine neue Krise im Bankensektor entstanden. Im Herbst 2014 haben die Banken erneut den Zugang zum internationalen Kapitalmarkt verloren – diesmal aufgrund von Sanktionen seitens der USA und der EU. Dies führte zu Liquiditätsproblemen wie einem Rückgang des Anteils der ZB-Banken an Innertageskrediten (von 96,2 % im Jahr 2013 auf 84,5 % im Jahr 2014) und einem proportionalen Anstieg des Anteils der durch nicht marktfähige Sicherheiten besicherten Kredite. Der Rückgang der Realeinkommen der Bürger um 0,8 % im Vergleich zu 2013 führte zu einer Verlangsamung der Wachstumsrate ihrer Einlagen: wenn sie im Jahr 2013 um 19 % gewachsen sind, dann im Jahr 2014 nur 9,4 %. Das Zinswachstum nach dem Leitzins der Zentralbank, der von 8 % im Juli 2014 auf 17 % im Dezember und bis Juli 2015 auf 11 % zurückging, führte zu weniger Verbraucherkrediten (Nikonow 2017).

2013 begann der Entzug von Lizenzen bei einer Reihe von Kreditinstituten. Im folgenden Jahr blieben bereits 80 Banken ohne Lizenzen. Dies entspricht einem Anteil von zehn Prozent am Gesamtmarkt. Die Einlagensicherung konnte die erhöhte Belastung nicht bewältigen. Infolgedessen gibt die Staatsduma ein Dekret heraus, nach dem eine Entscheidung über die zusätzliche Kapitalisierung von Kreditinstituten in Höhe von einer Billion Rub getroffen wird. Außerdem wurde beschlossen, zwölf Banken zu sanieren.

Diese erzwungene Maßnahme des Staates ist ein Beleg für die schwierige Situation, in der sich selbst die größten Akteure am Interbankenmarkt erwiesen haben. Laut der Zentralbank ist die Rentabilität von Bankkapital und -vermögen im Jahr 2014 stark gesunken (Abb. 2.1).

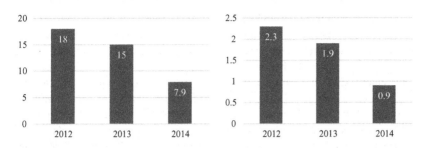

Abb. 2.1 Vermögensrendite bzw. das Kapital von Banken, %. (Bychkov und Podlinnykh 2015, S. 549)

Es sollte beachtet werden, dass diese Indikatoren die Rentabilität der Banken und Kapitalanlagen zeigen, durch die si normalerweise ihre Attraktivität für den Erwerb neuer Einlagen und Eigenkapitalgeber signalisieren wollen. Das niedrige Niveau der Rentabilität zeigt, dass die Kundenbasis bröselt bzw. die Anlagepolitik der Bank nicht markt- und risikogerecht ist. Die ineffiziente Politik der Investmentbanken ließ ihre Rentabilität stark sinken. Inländische Banken waren gezwungen, eine größere Reservebasis zu halten, die ihre Beweglichkeit am Markt beeinträchtigte. Das Volumen für zusätzliche Rückstellungen für wahrscheinliche Verluste war drei Mal höher als im Vorjahr und belief sich auf mehr als 1 Billion Rubel.

Diese erforderliche riesige Reservebasis hat die Gewinnverwendungsmöglichkeiten der Kreditinstitute erheblich beeinflusst und die freien Barmittel reduziert. Die Gesamtzahl der unrentablen Banken nahm somit weiter zu. Gemäß der Analyse für das Jahr 2014 ist der Bankgewinn um 40 % zurückgegangen. So hat die Gesamtzahl der verlustbehafteten Kreditinstitute in den letzten Jahren ihren Höchststand von 15 % erreicht. Jede fünfte Bank reduzierte ihr Kapital im vergangenen Jahr, davon waren die Banken der ersten 100 (Abb. 2.2).

Abb. 2.2 Das Volumen des Gewinns/der Verluste der Kreditinstitute, Millionen Rubel. (Bychkov und Podlinnykh 2015, S. 550)

Die Verpflichtungen der inländischen Banken gegenüber ausländischen Gläubigern sind aufgrund der Neubewertung von Fremdwährungskrediten stark gestiegen. Eigenmittel waren nicht genug vorhanden. In dieser Hinsicht hat die Zentralbank als Kreditgeber von Geschäftsbanken in einem großen Volumen interveniert. Und die Bankschulden haben weiter zugenommen. Im November 2014 erreichten die Schulden des Bankensektors gegenüber der Zentralbank Russlands ein neues historisches Maximum – 6,5 Billionen Rubel, obwohl die Regulierungsbehörde nur ein Volumen von 5 Billionen Rubel prognostizierte.

Zusammen mit ausländischen Gläubigern wurde ein Teil ihrer Gelder eingezogen und auch Einlagen von Banken eingezogen. Dies war mit einem allgemeinen Misstrauen gegenüber der gesamten Struktur des Bankensystems und mit dem mangelnden Vertrauen in einen starken inländischen Rubel verbunden.

Der Anteil nicht nur auf Rubel lautender Einlagen, sondern auch in Fremdwährung ist für das Jahr 2014 deutlich gesunken. Vergleicht man mit der Krisenlage 2008, so konnte man ein signifikantes Wachstum von Fremdwährungseinlagen beobachten. Im Jahr 2014 verloren sowohl Rubel- als auch Deviseneinlagen mehr als zehn Prozent ihres Wertes.

Im Jahr 2014 hat das Volumen der Zahlungsausfälle für Kredite wieder zugenommen. Im Allgemeinen stieg die Wachstumsrate des Ausfall gefährdeten Kreditvolumens in den letzten 5 Jahren aufgrund des niedrigen Realeinkommens der Bevölkerung und der weniger entgegenkommenden Haltung der Banken gegenüber ihren Kreditnehmern um das 18-fache.

Russische Banker erkennen zwar das Problem aus dem Wachstum gefährdeter, sie argumentieren aber, dass Kreditlinien nicht unbeansprucht bleiben sollten. Das Jahr 2014 zeigte einen Rückgang der Anforderungen an die Kapitaldienstfähigkeit für Konsumentenkredite. Trotz der Tatsache, dass das Gesamtvolumen der Kreditvergabe gestiegen ist, ist das Wachstum des Kreditvolumens von 2 auf 5 % zurückgegangen. Und das ist fast fünfmal weniger als die Daten des vorherigen 2013 Jahres.

Diese Finanzkrise hat eine Vielzahl von Problemen im inländischen Bankensystem gezeigt. Fast alle Banken im Land sind mit den oben genannten Schwierigkeiten konfrontiert.

1. Die Krise hat gezeigt, dass die Geschäftsbanken unter den gegebenen Bedingungen oft nicht in der Lage waren, die Ersparnisse der Bürger zu mobilisieren, um eine Basis für inländische Investitionen zu schaffen. Da die Einkommen der Bevölkerung im Allgemeinen nicht hoch sind, übersteigt das Angebot an Banken auf dem Markt die Nachfrage deutlich. Es ist eine schwierige Aufgabe für die Banken, das nötige Erlöse generierende Volumen für langfristige Kredite für Organisationen bereitzustellen, wenn es an Nachfragekraft mangelt.

Tab. 2.2 Vergleich von drei Krisen nach Hauptindikatoren. (Stolypin 2016)

Drei Krisen im Vergleich

Jahre	Ölpreis pro Barrel	Dollarkurs	Inflation	Wirtschafts-wachstum	BIP (in Preisen für 1990)	Durchschnitts-gehalt zu Beginn der Krise	Arbeitslosen-qoute
1998	US$ 12.5	6.2 RUB/US$ (Juli 1998) 20.7 RUB/US$ (Dezember 1998)	84.40 %	−5.30 %	US$ 327.6 Mrd	US$ 170	11.50 %
2008–2009	US$ 145 (Juli 2008) US$ 36 (Dezember 2008)	23.4 RUB/US$ (Juli 2008) 29 RUB/US$ (Dezember 2008)	13,30 %	+5.2 % (2008) −7.8 % (2009)	US$ 637.8 Mrd. (2008) US$ 587.9 Mrd. (2009)	US$ 760	6.2 % (2008) 8.3 % (2009)
2014–2016	US$ 113 (Juli 2014) US$ 27 (Januar 2016)	35 RUB/US$ (Juli 2014) 81.8 RUB/US$ (Dezember 2016)	11.4 % (2014) 12.9 % (2015)	+0.7 % (2014) −3.8 % (2015)	US$ 675.3 Mrd. (2014) US$ 649.6 Mrd. (2015)	US$ 930 (2014)	5.2 % (2014) 5.8 % (2015)

2. Es ist auch schwierig, die allgemeine Politik der Aufsichtsbehörde und der Teilnehmer im Bankensektor zu beschweren. Viele Banken haben Probleme, die streng geheim gehalten werden oder zu riskant sind. Krisen entwickelten sich schleichend und daher kaum rechtzeitig erkennbar. Beim abrupten Eintritt von disruptiven Krisen leidet das gesamte Bankensystem. Aus diesem Grund ist es notwendig, ein Kontrollsystem zu schaffen, das einerseits hilft Krisen rechtzeitig zu diagnostizieren. Andererseits soll Prophylaxe möglich sein und bei eintretenden Schieflagen die Verluste möglichst gering sein bzw. durch frühzeitig aufgebaute Haftungsreserven aufgefangen werden.

3. Eine zentrales Merkmale des Bankensektors der Russischen Föderation ist die Kluft zwischen den Unternehmensgrößen der Marktteilnehmer: Die Top-20-Banken haben 60 % der gesamten Marktvolumens. Während der Krise hat dieses Missverhältnis noch weiter zugenommen. Die Banken, die im Ranking der Bilanzsumme den Platz unter dem 200. Platz einnehmen, machen nur 3 % des Marktes aus (Bychkov und Podlinnykh 2015, S. 550).

Ein Vergleich der drei Krisen nach Hauptindikatoren ist in Tab. 2.2 deutlich dargestellt.

Vor dem Hintergrund einer heute wieder relativ stabilen Situation in der Entwicklung der Realeinkommen der Bevölkerung verlagerte sich der Schwerpunkt des Bankgeschäfts auf die Kreditvergabe an Privatpersonen. Ende 2013 nahmen jedoch die Spannungen auf dem Interbankenmarkt aufgrund des verstärkten Widerrufs von Lizenzen etwas zu. Der Zugang zu Liquidität für kleine und mittelgroße Banken war begrenzt.

2.2 Gegenwärtige Krisenphänomene im Bankensektor

Der Beginn des 21. Jahrhunderts erwies sich als eine der schwierigsten Zeiten für das gesamte Funktionieren des Bankensystems im modernen Russland. Das Bankensystem Russlands erlebte vier erschütternde Krisen in den letzten 20 Jahren (1995, 1998, 2008, 2014) (Zub 2014, S. 343).

Ursache dieser Probleme im Bankensektor waren sowohl zu hohe und zu wenig werthaltige Schulden als auch ein zu geringes ertragsorientiertes Bankmanagement. Die ohnehin destabilisierte Lage verschärfte sich noch infolge der Rubelabwertung, der Stagnation im realen Wirtschaftssektor sowie mit Budgetproblemen im Staatshaushalt.

Die Panik der Einleger und die zweifelhafte Liquidität in vielen Banken gaben einen weiteren Schub zur Insolvenz einiger wichtiger Akteure und zum Abbau von Kreditinstituten (Abb. 2.3) Zentralbank der Russischen Föderation (2015).

Die Anzahl der Kreditinstitute hat sich in den letzten 10 Jahren nahezu halbiert: von 1189 auf 623 Banken. Die Instabilitäten und Verschärfungen regulatorischer Maßnahmen gegenüber Banken in den Krisen in den Jahren 2008 und 2014 trugen dazu bei Zentralbank der Russischen Föderation (2015).

Die internationalen Frühjahr-Sommer-Sanktionen von 2014 stachelten die latenten Krisen im russischen Bankensystem erneut an. Der russische Bankensektor schlitterte wieder in schwierigen Bedingungen: ein Rückgang des Bruttoinlandsprodukts, eine hohe Inflation, Probleme mit der Fremdfinanzierung von Unternehmen und Banken blieben bestehen. Die Auslandsschulden russischer Banken begannen in der Phase der Erholung von der Krise wieder zu wachsen. Laut der russischen Zentralbank beliefen sich die Schulden zum 01.01.2012 auf 168 Mrd. US$ und auf 205 Mrd. US$ ab dem 1. Juli 2014.

Der Rubel erlitt einen deutlichen Kaufkraftverlust. Abwertung des russischen Rubels im Zeitraum von Frühling bis Herbst 2014 betrug etwa 40 % (Zub 2014).

Trotz des Anstiegs des Gesamtvolumens der Aktiva und des Eigenkapitals im Bankensektor ab 2013 in Russland nahm nun die Wachstumsrate während der Krise im Bankenmarkt deutlich ab.

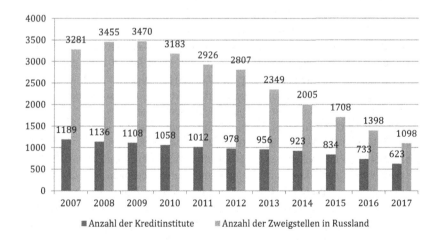

Abb. 2.3 Anzahl der Kreditinstitute und ihrer Zweigstellen in der Periode von 01.01.2007–01.01.2017. (Dubinin 2015)

Man sieht, dass mit Beginn der Bankenkrise die Wachstumsraten der Schlüsselindikatoren des russischen Bankensektors in den Jahren 2008 und 2014 deutlich reduziert wurden. Nach dem Ausbruch der Krise im Jahr 2014 sinkt die Wachstumsrate des Vermögens und des Eigenkapitals der russischen Banken allmählich. Trotz des unwesentlichen Anstiegs der Aktiva und des Eigenkapitals des Bankensektors sank die Wachstumsrate der Aktiva von 15,6 % im Jahr 2014 auf 13,6 % im Jahr 2016 und der Anstieg des Eigenkapitals von 16 % auf 6,9 %. Es ist anzumerken, dass die Wachstumsraten der Hauptindikatoren des Bankensystems nur langsam nachlassen, da sich das Auftreten der Bankenkrise von den Krisenereignissen des Jahres 2008 unterscheidet.

Es ist ersichtlich, dass das Volumen der von Kreditinstituten der Bank von Russland aufgenommenen Kredite, Einlagen und sonstigen aufgenommenen Mittel deutlich ansteigt. Ihr Volumen stieg von 34 Mrd. Rubel im Jahr 2008 auf 3.370,4 Mrd. Rubel in 2009 um mehr als das 100-fache an. Und im Jahr 2015 verdoppelt sich ihr Volumen. Diese Tatsache zeigt, dass die Kreditinstitute in einer instabilen Wirtschaft nicht in der Lage waren, unabhängig von der Bank von Russland die Bankenkrise selbstständig zu beenden (Dubinin 2015).

Die Analyse der Dynamik der Aktiva des russischen Bankensektors ist leicht zu erkennen, obwohl das Volumen der Aktiva im gesamten analysierten Zeitraum stetig zunimmt, deren Wachstumsrate während der Krise deutlich unterschätzt wird (nach Angaben der Zentralbank der Russischen Föderation o. J.).

Ein weiterer negativer Aspekt der Erscheinungsform von Bankenkrisen ist die Tatsache, dass Volumina von Krediten, gestiegen wurde.

Das Volumen der überfälligen Schulden in Fremdwährung stieg von 17 bis 205,9 Mrd. Rubel um das 12-fache an, und in Rubel von 167,1 auf 837,5 Mrd. Rubel um das 5-fache im Krisenzeitraum 2008. Und im Jahr 2016 ist der Anstieg der überfälligen Schulden um 41 % gegenüber 2015 gestiegen.

Was die finanziellen Ergebnisse des Bankensektors betrifft, so können wir eine sehr negative Entwicklung seit der Bankenkrise beobachten.

Aus diesen Gründen ist es leicht, Perioden von Bankenkrisen abzugrenzen: 2008–2010 und 2014–2016. Die Rentabilität der Kreditinstitute im Jahr 2009 sank um 49,9 % und belief sich auf 205,1 Mrd. Rubel. So ist zudem im Jahr 2009 die Rentabilität der Aktiva und Kapital stark zurückgegangen. Für 2014–2016 sank die Rentabilität um 801,6 Mrd. Rubel bzw. um das Fünffache. Die Zahl der unrentablen Kreditorganisationen stieg deutlich. Wir stellen außerdem fest, dass die Rentabilität des Kapitals von 15,2 % auf 2,3 % und die Kapitalrendite von 1,9 % auf 0,3 % drastisch gesunken sind (Dubinin 2015).

Seit 2013 wurden in Russland vielen Banken die Lizenzen entzogen. Die Zahl der Kreditinstitute ist seit dem stetig gesunken. So gab es wie Abb. 1.1 zeigt

Anfang 2013 noch 955 Kreditinstitute und Anfang 2018 nur noch 558. Grund
für die Entziehungen der Lizenzen waren meist eine zu dünne Decke an haften-
dem Eigenkapital, Geldwäsche im großen Stil oder zu lax vergebene Kredite.
Betroffen sind hierbei aber hauptsächlich kleine Banken (Abb. 2.4).
Abb. 2.5 zeigt, wie sich die Aktiva des Bankensektors in Russland (in Billionen Rubel) in den letzten Jahren verändert haben. Es ist insgesamt ein star-
ker Anstieg von knapp 50 Billionen Rubel 2013 auf über 85 Billionen Rubel
2018 zu erkennen. Lediglich im Jahr 2017 sanken die Aktiva kurzzeitig. Interes-
sant ist, dass diese Entwicklung im Gegensatz zu der Entwicklung des Brutto-
inlandprodukts steht. Dieses ist Aufgrund der Finanzkrise 2014/2015 von fast
2,3 Mrd. US$ 2013 auf 1,5 Mrd. US$ 2017 gesunken, und lag 2016 sogar nur
noch bei 1,2 Mrd. US$ (Statistisches Bundesamt (Destatis) (o. J.).

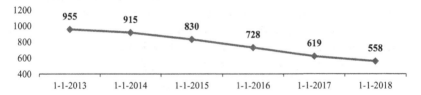

Abb. 2.4   Absolute Zahl der Kreditinstitute 2013–2018. (Quelle: Eigene Darstellung nach
Angaben Zentralbank der Russischen Föderation o. J.)

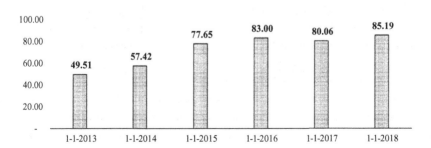

Abb. 2.5   Aktiva des Bankensektors in Russland (2013–2018). (Quelle: Eigene Darstellung
nach Angaben Zentralbank der Russischen Föderation o. J.)

Wie schon im Kap. 1 erwähnt, gibt es in Russland zwei Arten von Kredit-institutionen: Banken und Nichtbanken-Kreditorganisationen. Dabei haben Banken das Recht Gelder von juristischen und natürlichen Personen anzulegen. Da alle Banken in Russland einen universellen Status haben, können sie mit einer Banklizenz sämtliche Bankgeschäfte abwickeln. Genossenschaftsbanken, Sparkassen und Handelsbanken haben in Russland keinen gesonderten Status.

Der Bankensektor in Russland wird hauptsächlich von großen Staatsbanken dominiert. 2013 waren 59,1 % große Staatsbanken, 2015 waren es 60,4 %. 8,4 % machen die größten Privatbanken aus. Dieser Anteil hat sich bis 2015 auf 12,5 % erhöht. Der Anteil der kleineren Privatbanken ist von 23,5 % in 2013 auf 18,9 % in 2015 gesunken. Auslandsbanken haben 2013 9,0 % und 2015 noch 8,2 % Marktanteile.

Die größten Banken Russlands nach Aktiva (in Prozent) sind: Die Sberbank mit 19,9 %, die VTB Bank Moscow mit 12,1 %, die Gasprombank mit 7,1 %, die VTB 24 Bank mit 4,2 % und die Rosselchosbank mit 3,6 %. Auffällig ist, dass trotz der zwar sinkenden, aber dennoch hohen Zahl an Banken in Russland, alleine die fünf größten Banken bereits knapp 50 % der gesamten Aktiva des Bankensektors ausmachen. Zudem sind alle diese fünf Banken direkt oder indirekt in staatlicher Hand. So werden mehr als 60 % des Grundkapitals der Sberbank von der Russischen Zentralbank kontrolliert, und bei der VTB Bank sind 85,5 % der Aktien in Besitz der Russischen Regierung (Tarasenko 2009) (vgl. Abb. 2.6).

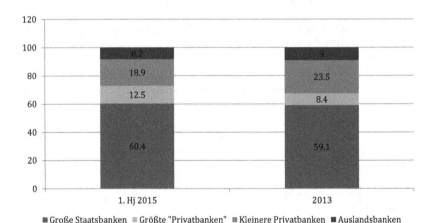

Abb. 2.6 Marktanteile von Banken, inklusive große Staatsbanken, Angaben in Prozent. (Quelle: Eigene Darstellung nach Angaben Bundeszentrale für politische Bildung o. J.)

Entwicklung des Versicherungssektors in Russland

3

3.1 Geschichte der Versicherung in Russland

Ab dem 18. Jahrhundert spricht man von den Anfängen der Versicherungswirtschaft in Russland. Hier wurde von Katharina der Großen einerseits eine Schifffahrtversicherung und andererseits eine Alters- und Rentenversicherung eingeführt. „Damit wurde in Russland bereits seit dem Jahr 1786 ein staatliches Versicherungsmonopol geschaffen" (Nosikova 2008). Dieses staatliche Versicherungsmonopol wurde jedoch unter Alexander I wieder abgeschafft und „Aktiengesellschaften, Versicherungsgesellschaften auf Gegenseitigkeit und Gesellschaften der ländlichen Selbstverwaltungsorgane gebildet" (Nosikova 2008). Nach dem Ende der Oktoberrevolution 1917 wurden die Versicherungsgesellschaften aufgelöst und es ging zurück zum staatlichen Versicherungsmonopol.

Doch erst mit dem Übergang von der Plan- zur Marktwirtschaft Anfang der 1990er Jahre, erlangte der Versicherungssektor in Russland allmählich wieder Bedeutung.

Zu Sowjetzeiten war ausschließlich der Staat für die Absicherung seiner Bürger zuständig. Dabei gab es zwei staatliche Versicherungsunternehmen, zum einen die „Rosgosstrach" und zum anderen die „Ingosstrach". Bei der Rosgosstrach konnten die russischen Bürger ihr privates Eigentum versichern, wohingegen die Ingosstrach zur Absicherung internationaler Geschäfte diente. Mit der Entmonopolisierung 1992 wurde erstmals die Möglichkeit eines Wettbewerbs zugunsten des Versicherungssektors ermöglicht. Die Grundlage für die Versicherungstätigkeit legten beispielsweise das föderale Gesetz vom 27.11.1992 über die „Organisation von Versicherungsangelegenheiten in Russland" und der Erlass des Präsidenten „Über der staatlichen Aufsicht in der Russischen Föderation" vom 10.02.1992. Daraufhin gründeten sich viele Versicherungsunternehmen, deren Zweck in der

© Springer Fachmedien Wiesbaden GmbH, ein Teil von Springer Nature 2019
T. V. Nikitina, *Finanzsystem der Russischen Föderation*, essentials,
https://doi.org/10.1007/978-3-658-24024-0_3

Abwicklung interner Geschäfte der großen Unternehmungen lag. Die Nachfrage blieb jedoch zunächst gering.

Wie man aus der Abb. 3.1 erkennen kann, war ein massiver Anstieg der Versicherungsunternehmen in den Jahren bis 1995 zu verzeichnen. Dort war auch der Höhepunkt mit 2800 Versicherungsunternehmen. Fünf Jahre später existierten nur noch etwas mehr als die Hälfte dieser Institute. Dies kann man zurückführen auf eine stärkere Versicherungsaufsicht mit höheren Solvabilitäts-Kontrollen. Solvabilität ist die Fähigkeit von Versicherungsunternehmen, ihre Existenz und die dauernde Erfüllbarkeit der eingegangenen Verpflichtungen jederzeit durch ausreichendes Solvabilitätskapital sicherzustellen.

Im Jahre 2003 wurde eine obligatorische Versicherung, die Kfz-Haftpflicht, in Russland eingeführt. Um nun ein Kfz anzumelden, bedurfte es einer Versicherungspolice. Fahrzeuge, die schon angemeldet waren, bekamen eine Frist bis Anfang des Jahres 2004 um ihr Fahrzeug nachzuversichern. Damit ein Versicherungsunternehmen eine Kfz-Haftpflicht anbieten kann, bedarf es jedoch einer Konzession.

Die durch die obligatorische Kfz-Haftpflichtversicherung entstehende Transparenz führte auch zum Anstieg der Nachfrage von Versicherungsprodukten. Seit dem Jahr 2005 ist ein jährlicher Anstieg der Umsätze zu verzeichnen. Einzige Ausnahme bildet das Jahr 2008 (Abb. 3.2).

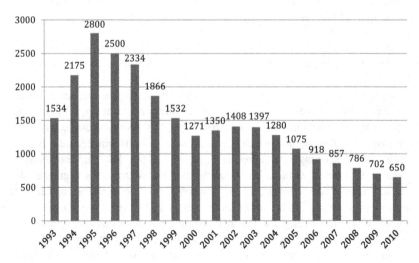

Abb. 3.1 Anzahl der Versicherungsunternehmen in Russland. (Quelle: Eigene Darstellung nach Angaben Zentralbank der Russischen Föderation o. J.)

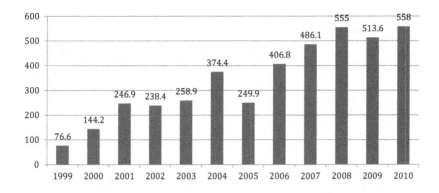

Abb. 3.2 Dynamik der Versicherungsprämien, Mrd Rub. (Quelle: Eigene Darstellung nach Angaben Zentralbank der Russischen Föderation o. J.)

3.2 Aktuelle Situation und Zukunft des russischen Versicherungssektors

Wie man an der Tabelle erkennen kann, sind die beiden größten Versicherer in Russland die SOGAZ Group und die Russian State Insurance Company Rosgosstrakh. Die SOGAZ Group wurde 1993 gegründet. Angeboten werden mehr als 100 Versicherungsprogramme sowohl für Einzelpersonen als auch Unternehmen (SOGAZ Insurance Group 2018). Zu den Leistungen der Rosgosstrakh gehören unter anderem Versicherungen für Kfz, für Eigentum und Gesundheit (Rossagostrakh 2018). Auf dem dritten Platz befindet sich die Ingosstrakh Group, deren Umfang der Versicherungsprämie nur etwa die Hälfte der ersten beiden beträgt. Auch hier werden vielfältige Versicherungsangebote für Einzelpersonen und Unternehmen angeboten, wie beispielsweise Kfz-, Reise- oder Transportversicherungen (Ingosstrakh 2018; Tab. 3.1).

Im Gegensatz zu den meisten entwickelten Volkswirtschaften hat Russland kein System der Versicherung gegen die wichtigsten Risiken. Eine relativ hohe Durchdringung von Versicherungen kann man im landwirtschaftlichen Sektor und im sogenannten Kfz-Versicherungssektor beobachten, was wohl auch an der obligatorischen Kfz-Haftpflichtversicherung liegt. Um diese Situation zu verbessern, ist es notwendig, ein nationales Risikomanagement zu bilden und den Versicherungssektor zu stärken, der selbst einigen Risiken stand halten kann (RAEX, RAEX Expert RA Rating Agency 2018).

Tab. 3.1 Die drei größten Versicherer Russlands gemessen an der Versicherungsprämie. (Quelle: raexpert o. J.)

Nr	Name	Versicherungsprämie in TRUB 2015	Versicherungsprämie in TRUB 2014
1.	SOGAZ Group	88.293.431,9	71.466.437,9
2.	Russian State Insurance Company Rosgosstrakh	86.855.143,0	73.355.403,0
3.	Ingosstrakh Group	42.265.198,4	40.418.717,3

Angesichts des Mangels an Wachstumstreibern im Nichtlebensversicherungs-markt, wird sich die Stagnation im Jahr 2018 fortsetzen. Die freiwillige Kranken-versicherung wird durch die Inflation der Kosten für medizinische Leistungen und Förderung der Krebs-Versicherungsprogramme, persönliche Unfall- und Krankenversicherungsprogramme eine positive Dynamik in den Markt bringen. Eine Reduzierung der Prämien wird man in der Kfz-Kaskoversicherung und der Sachversicherung für Unternehmen beobachten können. Laut Prognosen von RAEX wird der Versicherungsmarkt, inklusive Lebensversicherungen um 9–10 % wachsen. Die Kfz-Kasko- und Haftpflichtversicherung werden durch ansteigende Neuwagenverkäufe unterstützt. Allerdings wird sich die Versicherungsprämie für die Kaskoversicherung verringern, während der Marktanteil der Haftpflicht-versicherung auf demselben Level wie im Jahr 2017 verbleibt. Der Treiber des Segments, die Kapitalanlage-Lebensversicherung, wird sich um 40 % steigern, während sich die gemischte Lebensversicherung weiterhin stabil entwickeln wird. Die Darlehensnehmerversicherung wird um 5–10 % wachsen. Zu den Risiken aggressiver Verkäufe von Kapitalanlage-Versicherungen durch Banken gehören der Mangel an Kundeninformationen über die Kapitalrendite der Versicherungs-policen, unzureichendes Verständnis der Kunden über das Produkt beim Kauf und voraussichtliche Änderungen in der Regulierung dieses Segments. Diese neuen Regularien könnten bereits 2018 realisiert werden und zu deutlichen Ver-änderungen in der Entwicklung des Lebensversicherungsbereichs und dem gesamten Versicherungsmarkt führen (RAEX, RAEX Expert RA Rating Agency 2018).

Der russische Kapitalmarkt

4

4.1 Entwicklung des russischen Kapitalmarktes in den 1990er Jahren

In Russland, im Unterschied zu den westlichen Staaten, sind wegen der lang andauernden Planwirtschaft ziemlich spät börsenähnliche Strukturen entstanden. Zu Beginn der 1990er Jahren erlebte Russland infolge des Zerfalls der Sowjetunion und dem daraus resultierenden Übergang von der Planwirtschaft hin zur Markwirtschaft eine alles umfassende wirtschaftliche Krise. Begleitend zu dem Privatisierungsprozess machten sich erste Merkmale für den Aufbau und der Entwicklung des russischen Kapitalmarktes bemerkbar. Als rechtliche Grundlage dafür diente ein neu erlassenes Gesetz über die Privatisierung staatlicher und kommunaler Unternehmen in der RSFSR vom 3. Juli 1991. Auf dessen Basis zunächst eine konsequente und rasche Übergabe von kleinen und mittelständischen Unternehmen in Privateigentum durchgeführt wurde. Nachdem der Präsident Boris Jelzin ein Gesetz über die Bildung von Aktiengesellschaften unterzeichnete, begann die Privatisierung großer Unternehmen. Zur selben Zeit erhielten die Unternehmen das Recht zur Wertpapierausgabe unter Berücksichtigung bestimmter Verordnungen, wodurch es erstmals möglich war in Russland Wertpapiere zu kaufen. Mit zunehmender Anzahl der Wertpapiere entwickelten sich schließlich Wertpapierbörsen wie der Moskauer Interbank Wertpapierbörse (MICEX) und dem Russischen Handelssystem (RTS).

Die Moskauer Interbank Wertpapierbörse (MICEX) wurde im Jahr 1992 gegründet und war die erste russische Börse, welche sich ausschließlich mit dem Handel von Wertpapieren befasste.

Das Russische Handelssystem (RTS-Index) entstand im Jahre 1995 und wurde analog zur amerikanischen Börse NASDAQ aufgebaut.

© Springer Fachmedien Wiesbaden GmbH, ein Teil von Springer Nature 2019   47
T. V. Nikitina, *Finanzsystem der Russischen Föderation*, essentials,
https://doi.org/10.1007/978-3-658-24024-0_4

4.2   Russische-Indizes

Das Russische Handelssystem (RTS-Index) ist ein russischer Aktienindex, an welchem die 50 größten Unternehmen Russlands notiert sind. Der RTS-Index gilt international als Benchmark für den russischen Wertpapierhandel. Moskauer Interbank Wertpapierbörse (MICEX) galt als die größte und liquideste Börse in Russland. Bei der MICEX handelte es sich um eine zentralisierte Handelsplattform.

Was Sie aus diesem *essential* mitnehmen können

- Verstehen und Verständnis für die Entwicklungen des Finanzsektors in Russland
- Fundament für eine eigene Einschätzung möglicher Entwicklungen in Russland
- Die Bedeutung einer effektiven Notenbank für die Stabilität des Finanzsystems
- Bewusstsein für die essenzielle Rolle eines stabilen Geldwesens für Bürger und Staatswesen

© Springer Fachmedien Wiesbaden GmbH, ein Teil von Springer Nature 2019 49
T. V. Nikitina, *Finanzsystem der Russischen Föderation,* essentials,
https://doi.org/10.1007/978-3-658-24024-0

Literatur

Bundeszentrale für politische Bildung. (o. J.). Homepage. http://www.bpb.de/internationales/. Zugegriffen: 14. Sept. 2018.

Bychkov, A., & Podlinnykh, D. (2015). Banksektor Russlands unter dem Einfluss der Krise von 2014 bis 2015. *Molodoy Ucheniy Verlag, 10,* 549–550.

Dubinin, S. (2015). Das russische Bankensystem ist ein Test der Finanzkrise. *Geld und Kredit, 1,* 9–12.

Global Rates. (o. J.). Aktuelle und historische, internationale Zinssätze und Wirtschaftsstatistiken 2018. https://de.global-rates.com/. Zugegriffen: 13. Sept. 2018.

Golodova, Z. (2009). Krisen des modernen Russland: allgemeine und spezifische Trends im Bankensektor. Finanzen und Kredite 40. https://cyberleninka.ru/article/n/krizisy-sovremennoy-rossii-obschie-i-osobennye-tendentsii-v-bankovskom-sektore. Zugegriffen: 13. Sept. 2018.

Nikonow, I. (2017). Von der Krise zur Krise: Fakten und Lehren. http://www.ng.ru/ideas/2015-10-28/5_crisis.html. Zugegriffen: 19. Dez. 2017.

Nosikova, O. (2008). Die Entwicklung der Versicherungswirtschaft in Russland. https://insurance.bwl.uni-mannheim.de/fileadmin/files/albrecht/extern/mm/mm172.pdf. Zugegriffen: 20. Dez. 2017.

Ruabov, P. (2014). Banken, die es nicht gibt: erste Schwalben. http://zvzda.ru/articles/8b0056c14095. Zugegriffen: 19. Dez. 2017.

Russische Föderation. (1990). *Über Banken und Bankgeschäfte.* Gesetz der Russischen Föderation vom 02.12.1990 Nr. 395-1.

Russische Föderation. (2002). *Über die Zentralbank der Russischen Föderation (Bank von Russland).* Gesetz der Russischen Föderation vom 10.07.2002 Nr. 86-FZ.

Statistisches Bundesamt (Destatis). (o. J.). Homepage. https://www.destatis.de/DE/Startseite.html. Zugegriffen: 14. Sept. 2018.

Stolypin, P. (2016). Die Krise 1998 in Russland: Ursachen, Chronik, Folgen. http://money-makerfactory.ru/spravochnik/krizis-1998/. Zugegriffen: 19. Dez. 2017.

Tarasenko, O. (2009). *Das Bankensystem der Russischen Förderation.* Moskau: Norma Verlag.

Tarasevich, E. (2017). Finanz- und Bankenkrisen: Lehre. http://pandia.ru/text/77/233/38572.php. Zugegriffen: 18. Dez. 2017.

© Springer Fachmedien Wiesbaden GmbH, ein Teil von Springer Nature 2019   51
T. V. Nikitina, *Finanzsystem der Russischen Föderation,* essentials,
https://doi.org/10.1007/978-3-658-24024-0

Zentralbank der Russischen Föderation. (2015). *Über die Anforderungen an das Risikomanagementsystem und das Kapital des Kreditinstituts und der Bankengruppe* (zusammen mit den „Anforderungen an die Organisation von Verfahren zur Handhabung bestimmter Arten von Risiken"). Anweisung der Bank von Russland vom 15.04.2015 Nr. 3624-U (bearbeitet am 03.12.2015).

Zentralbank der Russischen Föderation. (2016). *Über den Bankbetrieb von Nichtbankenkreditorganisationen – Zentrale Gegenparteien, über die Obligationennormen von Nichtbankenkreditinstituten – Zentrale Gegenparteien und Besonderheiten der Umsetzung der Aufsicht durch die Bank von Russland über ihre Einhaltung.* Anweisung Nr. 175-I der Zentralbank der Russischen Föderation vom 14.11.2016.

Zentralbank der Russischen Föderation. (o. J.). Homepage. http://www.cbr.ru/. Zugegriffen: 13. Sept. 2018.

Zub, A. (2014). *Anti-Krisen-Management: ein Lehrbuch für Junggesellen* (2. Aufl., S. 343). Moskau: Yurayt.

Zum Weiterlesen

Nikitina, T., Nikitin, M., & Renker, C. (2017). Operations of banks with corporate clients. *Izvestija, Sankt-Petersburg, 6*(108), 25–35.

Renker, C. (2018). *Business Model Innovation in Banken – Robustes Geschäftsmodell durch Kunden- und Mitarbeiterzentrierung.* Wiesbaden: Springer Gabler.

Renker, C. (2018). *Dämonen über dem deutschen Bankensystem. Herausforderungen, Konsequenzen und Lösungen.* VIII. International science and practical conference: „The architecture of finance: The illussion of global stabilization and the prospects for economic growth", 05.04.2017, UNECON, Sankt Petersburg.

Printed in the United States
By Bookmasters